# LA QUESTION QUI SAUVERA MON MARIAGE

Conception graphique de la couverture: Violette Vaillancourt
Photo: Rob Atkins (The Image Bank)

DISTRIBUTEURS EXCLUSIFS:

- Pour le Canada et les États-Unis:
  **LES MESSAGERIES ADP***
  955, rue Amherst, Montréal  H2L 3K4
  Tél.: (514) 523-1182
  Télécopieur: (514) 521-4434
  * Filiale de Sogides Ltée

- Pour la Belgique et le Luxembourg:
  **PRESSES DE BELGIQUE S.A.**
  Boulevard de l'Europe 117
  8-1301 Wavre
  Tél.: (10) 41-59-66
      (10) 41-78-50
  Télécopieur: (10) 41-20-24

- Pour la Suisse:
  **TRANSAT S.A.**
  Route du Grand-Lancy, 2, C.P. 125, 1211 Genève 26
  Tél.: (41-22) 42-77-40
  Télécopieur: (41-22) 43-46-46

- Pour la France et les autres pays:
  **INTER FORUM**
  13, rue de la Glacière, 75624 Paris Cédex 13
  Tél.: (33.1) 43.37.11.80
  Télécopieur: (33.1) 43.31.88.15
  Télex: 250055 Forum Paris

HARRY P. DUNNE

# LA QUESTION QUI SAUVERA MON MARIAGE

Traduit de l'anglais
par
Marie Perron

LES ÉDITIONS DE L'HOMME

**Données de catalogage avant publication (Canada)**

Dunne, Harry P., 1942-

    La question qui sauvera mon mariage

    Traduction de: One question that can save your marriage.

    ISBN 2-7619-1014-1

    1. Mariage.    2. Thérapie conjugale.    3. Relations humaines.
I. Titre.

HQ734.D8914    1992    646.7'8    C92-096092-8

L'ouvrage original américain a été publié par Perigee Books
(The Putnam Publishing Group)
sous le titre *One Question That Can Save Your Marriage*
(ISBN: 0-399-51669-7)

Dépôt légal: 1er trimestre 1992
Bibliothèque nationale du Québec

ISBN 2-7619-1014-1

# REMERCIEMENTS

Au fil de ma pratique, mes idées sur le mariage et sur l'amour ont évolué au contact des personnes avec qui j'ai travaillé: collègues, patients, étudiants stagiaires, et thérapeutes en début de carrière venus solliciter mes conseils. J'aimerais remercier ici ceux d'entre eux à qui je suis plus particulièrement redevable: Anne Ziff, Judy Ulrich, Chris Woods, Michele Mirto, Gary Marmon, Cary Ostrow, Betty Guilfoil, Philip Gross, Andy Gale, Bethany Bryant, Gerald Arndt et Arthur Africano.

Je suis aussi très reconnaissant aux pionniers et aux chefs de file dans les domaines de la thérapie familiale et conjugale, dont certains ont été des collègues et des amis. Bien que mon travail ne reflète pas une théorie spécifique ou les opinions d'un spécialiste en particulier, plusieurs ont exercé une influence sur ma pensée, notamment: Ivan Boszormenyi-Nagy, David Ulrich, Murray Bowen, Mark Karpel, Thomas Fogarty, Virginia Satir, Augustus Napier et Harvey Wasserman.

*Je dédie cet ouvrage à ma mère, dont le bon sens est avec le temps devenu à mes yeux l'expression de sa sagesse; à mon père, pour ce qu'il a refusé de perpétuer; à ma sœur, pour son affection; et surtout, à Mary Lou, Jenny et Brian: pour coucher ces pensées sur papier, je leur ai volé de précieux instants.*

# INTRODUCTION

Le couple, depuis un an prisonnier d'une violente impasse, en était à sa première visite chez moi. La séance était particulièrement intense. Lui était de ceux qui se comportent comme si la rencontre fortuite de l'ovule et du sperme qui l'avait fait mâle lui avait conféré des privilèges monarchiques. Elle, une femme prête à éclater, après des années passées à sourire, à chercher l'harmonie, à s'efforcer de plaire, et à n'être appréciée qu'en fonction de sa réalisation la plus récente, débordait de colère et d'amertume de n'être pas reconnue pour ce qu'elle était.

Il possédait une petite entreprise; elle faisait la tenue de livres et répondait au téléphone. Ils voyageaient ensemble matin et soir et, par conséquent, travaillaient un nombre égal d'heures, mais puisque, selon lui, c'était son travail à lui qui mettait «du beurre sur les épinards», il s'estimait en droit de se reposer à son retour à la maison plutôt que de participer à l'entretien de la maison, à la préparation des repas, au soin des enfants. Elle avait beau trouver «injuste» cet état de choses, elle le tolérait néanmoins, car il correspondait à l'idée qu'elle se faisait de son rôle d'épouse et de mère.

Quand enfin elle en eut assez, elle n'insista pas tant sur l'inégalité dans le partage de leurs tâches que sur leur vie sociale: elle travaillait beaucoup et voulait s'amuser de temps à autre. Était-ce trop demander? L'ennui était que lui, après avoir beaucoup travaillé, voulait se détendre en regardant les émissions de sport à la télévision. Il tenait aussi à ne pas se savoir seul à la maison et déclarait souvent avec force que si elle s'avisait de sortir sans lui, elle n'était pas une bonne épouse. Elle se soumettait à la volonté de son mari et restait à la maison, mais avec le temps, elle finit par se sentir prisonnière chez elle.

J'étais depuis trop longtemps thérapeute conjugal et familial pour me croire capable de rapidement transformer chez cet homme la conviction que tout lui était acquis. Je savais aussi que je m'aliénerais sa sympathie si je penchais trop tôt du côté de sa femme. Et, soudainement, au beau milieu d'une de ces interminables occurrences pendant lesquelles vous vous demandez quoi dire pour provoquer un déclic chez le client, je m'entendis lui demander de réfléchir à la question suivante: «Comment c'est d'être marié avec moi?»

On eut dit que La Question venait de m'être soufflée à l'oreille par quelque thérapeute fantôme s'adonnant à traverser mon bureau, et elle jaillit tout aussi spontanément de ma bouche. En même temps, je me demandai néanmoins si La Question n'était pas trop directe, trop indiscrète. Les thérapeutes sont d'ordinaire plus circonspects; leurs questions sont formulées avec plus de soin et précédées d'une plus grande réflexion, de sorte que ma spontanéité me surprit. D'autre part, me dis-je, ces deux-là sont dans une telle impasse que nous avions de toute évidence fort peu à perdre.

Je m'attendais à ce qu'il explose, d'autant plus que sa femme avait éclaté d'un rire qui semblait dire: «Eh bien! que dis-tu de ça, pauvre imbécile?» Son regard s'assombrit, comme s'il avait regardé au-dedans de lui-même, et il eut un petit sourire triste. «Ça ne doit pas être drôle tous les jours», dit-il.

Dès lors, la séance fut plus honnête, les interventions devinrent mieux partagées et moins hostiles. À la fin, je les renvoyai chez eux en leur demandant de réfléchir chacun de leur côté, et sans en discuter entre eux, à ce que pouvait signifier pour l'autre le fait de lui être marié. Ce devoir eut d'étonnants résultats: la semaine suivante, chacun se coupait en morceaux pour deviner et apaiser les sentiments de l'autre. Dans la demi-douzaine de séances qui suivirent, je fus en mesure de les aider à admettre que leurs présomptions, leurs attentes, leurs personnalités respectives, leurs comportements et leurs attitudes avaient contribué à faire d'eux les conjoints qu'ils étaient devenus, et à voir comment chacun avait concouru aux problèmes qui minaient leur mariage.

Ce récit serait plus beau si je pouvais dire que ma question leur ouvrit la porte de nombreuses années de bonheur conjugal, mais ce n'est malheureusement pas le cas. Ils connurent un certain apaisement, de sorte que le couple mit fin à sa thérapie même si nous avions encore du travail à faire sur le sens du droit acquis ressenti par le mari et l'amertume de sa femme. Quelques mois plus tard, il réintégra son ancien rôle, et elle finit par sortir en catimini pendant qu'il dormait devant la télé. Un soir qu'elle était rentrée tard, il la frappa. Elle menaça de le quitter; il menaça de la tuer si elle l'éloignait de ses enfants. Elle emménagea chez sa mère, porta plainte contre son mari auprès de la police et finit par lui faire délivrer une ordonnance de ne pas l'importuner. Par la suite, il changea un peu d'attitude, bien contre son gré, mais pour sa femme, c'était «trop peu, trop tard». Elle fit la connaissance de quelqu'un d'autre, et lui de même. Et, ironie du sort, chacun d'eux passa son futur conjoint au crible de ma question. Aux dernières nouvelles, ils étaient heureux de la tournure des événements.

C'était il y a quatre ans. J'ai depuis eu l'occasion de faire intervenir cette question auprès de douzaines de couples, souvent avec des résultats probants. Je suis maintenant convaincu que cette question a le pouvoir de libérer un couple des conflits et de l'indifférence chroniques qui l'accablent. Je l'ai également imposée à des diplômés en thérapie conjugale et familiale, pour qu'ils se mettent dans la peau de leurs clients. La plupart ont constaté l'effet bénéfique de la question sur leur propre relation de couple.

À l'occasion d'un atelier sur l'évaluation du couple lors du congrès national de l'*American Association for Marital and Family Therapy* de 1989, un éminent thérapeute familial, Mark Karpel, déclara qu'il s'agissait là de «la question la plus importante en thérapie conjugale», et avança avec raison que les couples capables d'y répondre n'avaient pas besoin d'un thérapeute. J'étais moi-même déjà arrivé à cette conclusion. Avec des couples en état de déséquilibre ou profondément troublés, tel celui dont je parlais plus haut, j'ai pris l'habitude au cœur de différents problèmes relationnels de souvent recourir à La Question pour baliser les progrès accomplis.

Il se produit quelque chose de magique lorsqu'un couple, muni des réponses à cette question, entreprend de modifier légèrement ses attitudes. Je suis maintenant persuadé que, si vous

vous demandez *Comment c'est d'être marié avec moi?* — et que vous ayez le courage de trouver des réponses et de faire les changements requis — vous vous préparez mentalement à agir sur le seul élément de votre relation de couple que vous soyez vraiment en mesure de transformer. Par le fait même, surtout si les deux membres du couple participent au même effort, votre investissement restaure la vitalité et la confiance qui règnent dans votre relation tout en approfondissant votre compréhension et votre affection mutuelles. Si ma question ne fait pas de votre relation la grande histoire d'amour du siècle, elle vous aidera sans doute à diminuer la tension entre vous et à ouvrir la porte à un approfondissement de vos rapports et de votre intimité.

D'autre part, le travail sur vous-même que cette question vous oblige à faire peut vous conduire à voir votre couple sous son vrai jour, sans dénégation ni distorsion, et, par le fait même, vous rendre la proie d'émotions intenses que vous aviez cherché à refouler ou à nier. La fin d'un déni marque souvent une période de grand bouleversement et d'introspection, et elle entraîne parfois de vastes changements d'orientation. Mais si vous l'abordez avec courage et avec la certitude d'avoir le droit, le devoir même, de vous épanouir pleinement, ce moment peut s'avérer l'un des plus marquants de votre vie.

Il faut aussi reconnaître dès le départ que certaines relations ne sauraient être sauvées, même par l'intermédiaire de thérapeutes compétents, tout comme certaines relations ne devraient pas l'être, pour le bien-être de toutes les personnes concernées. En outre, certains problèmes relationnels ne sauraient être résolus tant que la maladie mentale, la dépression, l'assuétude ou l'abus de substances nocives chez l'un ou l'autre partenaire n'ont pas été diagnostiqués ou résolus. Par conséquent, un ouvrage tel celui-ci ne peut résoudre tous les conflits de tous les mariages. Si vous vivez l'une de ces situations, n'attendez pas pour consulter. Mais si ce livre vous permet au moins de vous analyser assez clairement pour vous inciter à chercher l'aide dont vous avez besoin, j'estimerai qu'il a atteint son but.

## Comment se présente cet ouvrage

Dans la première partie, nous examinons la question *Comment c'est d'être marié avec moi?* et nous proposons une marche à suivre détaillée pour vous aider à tirer le maximum de vos réponses. Ces chapitres sont sans doute les plus importants de ce livre. Vous avez donc tout intérêt à les lire lentement et attentivement, si vous voulez vous familiariser le plus possible avec le processus qui y est décrit.

Le premier chapitre vous présente La Question et les meilleures façons d'y réfléchir et d'y répondre.

Le chapitre 2 vous enseigne une technique devant vous aider à approfondir vos réponses à la question *Comment c'est d'être marié avec moi?*, de telle sorte que vous puissiez voir clairement ces aspects de votre personnalité, ces comportements et ces attitudes qui font de vous le partenaire que vous êtes.

Le chapitre 3 vous accompagne au long du processus de transformation et vous propose des moyens pour préserver ces changements contre la force de persuasion du *statu quo*.

La deuxième partie a pour but de vous aider à vous servir de La Question pour affronter les problèmes épineux auxquels sont confrontés la plupart des couples. Chaque chapitre s'ouvre sur une brève étude, suivie d'une série d'incitations et d'interrogations conçues pour être utilisées par une personne qui lutte pour savoir *Comment c'est d'être marié avec moi?* Lisez tous ces chapitres dans l'ordre, ou dans le désordre, en vous laissant guider par les thèmes qui vous intéressent plus particulièrement.

L'un des chapitres traite de la java de l'intimité, que décrit bien l'expression «fuite et poursuite», tandis qu'un autre aborde les émotions, c'est-à-dire, comment tirer le maximum de vos sentiments au lieu de les refouler. Certains chapitres examinent des aspects spécifiques du mariage, tels que les querelles, la communication, la négociation par opposition au marchandage, et l'impact que peuvent avoir sur nous des attentes irréalistes.

Dans la troisième partie, intitulée «Cœurs et âmes», nous réfléchissons aux questions d'identité, d'équilibre relationnel, de justice, ainsi qu'aux cinq types d'amour qui, combinés, constituent la relation idéale.

## L'amour

Chaque semestre, je commence mon cours sur «La théorie et la thérapie du mariage» en demandant à mes étudiants de me donner une définition de l'amour. Un jour, un jeune homme, moqueur et froid, fit sien le célèbre bon mot d'Ambrose Bierce: «L'amour est une folie passagère dont le remède est le mariage.» Comme dans toute forme d'humour authentique, il y a là un fond de vérité.

Mes étudiants ont, au fil des ans, formulé leurs propres idées, dont voici quelques-unes:

- «Quelqu'un qui me (te) rend heureux d'être moi (toi) peut inspirer l'amour.»
- «Aimer, c'est éprouver le besoin de la présence de l'autre et accepter ses différences.»
- «Aimer, c'est avoir un ami intime qui partage avec moi certains buts et certains intérêts, tout en ayant les siens propres. C'est être à la fois unis et séparés. C'est être avec une personne qui peut m'accepter tel que je suis.»
- «Aimer, c'est accepter l'autre personne sans la juger.»

Quatre-vingt pour cent de mes étudiants diplômés sont mariés ou divorcés; un autre dix pour cent d'entre eux sont fiancés ou vivent en concubinage. Ceux qui ne vivent pas une relation stable, quelques rares exceptions mises à part, ont connu un temps ce type de relation. En étudiant de près leurs définitions de l'amour, on se rend compte qu'elles correspondent à un idéal jamais rencontré dans la famille où ils ont grandi ou dans leur propre expérience. Pourtant, à chaque semestre, les étudiants mettent le doigt sur ce qui est, selon moi, l'ingrédient le plus important de l'amour, soit le respect, l'affection et même la dévotion que l'on ressent pour une autre personne et pour ce qui la différencie de nous.

Il est toujours étonnant de constater que, même ces personnes qui arrivent à donner de l'amour une définition aussi éclairée, ne retrouvent pas cette définition dans leur propre vie, et affrontent, comme tout le monde, des problèmes de couple. Cela en dit long sur la complexité du mariage et sur le gouffre qui sépare parfois notre tête de notre cœur.

## ·|·

# La Question

## *Comment vous la poser et tirer le maximum de vos réponses*

Dans les trois chapitres qui suivent, nous vous proposons la question *Comment c'est d'être marié avec moi?*, ainsi qu'une marche à suivre détaillée pour vous guider dans l'approfondissement de votre connaissance de soi en tant que conjoint.

Lisez sans vous presser, et familiarisez-vous avec les exercices avant d'aborder la suite.

# 1

## *Comment se poser La Question*

Sauver votre mariage grâce à une petite question? Comment une chose aussi importante peut-elle être aussi simple?

Ce n'est pas facile d'y croire, quand on est — comme vous l'êtes sans doute — prisonnier de l'aliénation, de la confusion, de la frustration ou même de la colère que nous inspire notre situation conjugale. Pourtant, c'est vrai: cette seule question détient le pouvoir de sauver un couple. Elle peut aussi contribuer à rendre meilleure une relation déjà bonne. Mais cette question n'est pas facile. Pour y répondre avec succès, vous devrez vous armer de courage et être pleinement décidé à affronter honnêtement des côtés de vous-même sur lesquels vous avez toujours fermé les yeux. Comme autre chose, cette question peut vous inspirer une réponse rapide et superficielle. Mais si vous désirez vraiment transformer votre vie de couple, vous devrez lui consacrer du temps et des efforts.

La situation idéale voudrait que les deux membres d'un couple fassent ensemble cette recherche. Mais puisque l'idéal est une rareté, rassurez-vous: si un seul de vous deux se consacre à la question, votre mariage en connaîtra néanmoins les bienfaits. En outre, si vous vous surprenez à vous efforcer de convaincre votre partenaire — qui se fait prier — de prendre une part active à ce projet, vous êtes très probablement une personne que les thérapeutes qualifient de «fonceuse». Cela suppose, par conséquent, que votre partenaire est une personne «qui se distancie» — car il est fréquent que ces deux oppositions se rejoignent. Puisque nous ne souhaitons nullement perpétuer un modèle conflictuel de relation, je suggère que vous présentiez cet ouvrage à votre partenaire rebelle (qui se distancie) en lui demandant seulement de décider si oui ou non le jeu en vaut la chandelle. Faites-lui comprendre clairement, mais sans exercer de manipulation, sans faire peser de menace, sans porter de jugement, que vous avez l'intention de donner suite à ce projet de toute façon, mais que sa participation est la bienvenue. N'insistez pas, commencez le travail par vous-même, et n'en reparlez plus. N'abordez même pas le sujet en ayant l'air de ne pas y toucher, par la bonne vieille approche indirecte: «Oh, à propos...» Enfin, ne parlez pas de ce que vous faites tant que le livre ne vous dira pas de le faire.

La plupart des gens qui sont mis en contact avec cette question imaginent aussitôt qu'ils la posent à leur partenaire. Bien sûr, *Comment c'est d'être marié avec moi?* n'est pas une mauvaise question à se lancer de temps à autre entre membres d'un couple, dans le but d'obtenir un retour d'information. Si vous et votre partenaire en faites l'essai, vous apprendrez sans doute des choses intéressantes à votre sujet, ou concernant les pensées et les émotions de votre partenaire en ce moment précis. Mais la diplomatie relationnelle étant ce qu'elle est, vous ne sauriez être absolument certain de recevoir là les informations capables de produire un changement bénéfique dans votre relation de couple. Vous pourriez aussi tomber à un mauvais moment et vous attirer des réponses plus vindicatives qu'utiles.

La Question ne livrera son vrai pouvoir et sa véritable profondeur que si vous la posez à vous-même. Par conséquent, la réponse réside dans la réflexion qu'elle suscite.

Pour être en mesure de trouver des réponses, vous devrez autant que possible disposer d'un endroit calme où vous isoler pendant quelques minutes, où il vous sera possible de prendre du recul vis-à-vis du conflit, ou de l'inquiétude ou de la déception, qui vous affecte dans votre vie de couple. Il vous faudra un endroit où vous pourrez apaiser votre colère, votre douleur ou votre tristesse, ou trouver un remède à votre confusion. Certains d'entre vous n'auront pas cette chance, mais efforcez-vous quand même de vous isoler, ne serait-ce qu'en emportant ce livre avec vous dans la baignoire.

Bien entendu, il y aura des moments où votre colère, votre souffrance ou votre frustration sera trop vive pour vous permettre de penser clairement; des moments où rien d'autre ne saurait vous satisfaire qu'une bonne querelle, quelques minutes passées à vous apitoyer sur vous-même, à bouder ou à rêvasser à l'amour parfait. Si vous êtes dans cet état, ne capitulez pas. Attendez d'avoir traversé cette phase, puis isolez-vous dans votre retraite et commencez ou recommencez à réfléchir à La Question.

## Renoncez

Comme bien d'autres, vous devez sans doute vous rappeler que toutes vos querelles, toutes vos tentatives pour sauver votre mariage, tous les moyens que vous avez mis en œuvre pour amener votre partenaire à changer sont restés sans effet. En dépit de tous vos efforts, vous n'avez pas su choisir les bons mots, le ton juste, l'ultimatum qui aurait pu enfin faire de votre partenaire le conjoint idéal. En outre, plus vous chercherez à le transformer, plus votre frustration provoquera des symptômes émotionnels ou physiques destructeurs, autant pour vous que pour les personnes de votre entourage. Cela ne veut pas dire que vous ne méritiez pas la qualité de relation que vous recherchez, mais bien que vous n'avez pas su vous y prendre. Même si vous ne faites rien, même si vous faites partie de cette catégorie de gens très patients, capables d'attendre pendant des années que se produise une métamorphose chez votre partenaire, il arrive un moment où vous devez vous rendre compte que votre attente risque de se perpétuer indéfiniment.

Le présent ouvrage a pour but de vous libérer des vains efforts que vous déployez pour transformer votre partenaire par la critique, le conflit, les plaintes ou les manipulations, y compris celles de la guerre froide. Par la suite, vous serez bientôt capable de faire vous-même l'inventaire de ce que vous êtes et de ce que vous n'êtes pas, en tant qu'individu et en tant que partenaire, dans les domaines qui exercent le plus d'influence sur votre couple. Vous serez alors de plus en plus en mesure de prendre en main le seul élément de votre vie à deux sur lequel un contrôle absolu soit possible: vous-même.

Étrangement, les efforts infructueux que vous déployez pour sauver votre mariage ou transformer votre partenaire sont précisément ce qui vous garde du désespoir. Cette autoprotection est souvent la force secrète qui vous pousse à continuer. Si difficile qu'il soit de renoncer, de vous laisser aller au désespoir même, ce n'est que de la sorte que vous acquerrez le recul nécessaire vous permettant d'engager le processus de transformation.

Ainsi, maintenant, dans votre retraite, efforcez-vous d'admettre que ce que vous avez fait est resté infructueux et continuera de l'être. Dites-vous: «Je ne saurais changer l'eau en vin. Après tout, je ne suis qu'un être humain.» Qu'il s'agisse de cette phrase ou d'une autre que vous choisirez vous-même parce qu'elle vous conviendra davantage, répétez-la jusqu'à ce que son leitmotiv vous conduise au vide que nous hébergeons tous au tréfonds de notre être. Si vous y accédez, vous aurez envie de fuir le sentiment de désespoir et de néant qu'il suscitera en rêvassant d'un autre amour ou en élaborant une stratégie de plus pour transformer votre conjoint en partenaire idéal. (Ou encore, en vous jetant à corps perdu sur la nourriture, l'exercice physique, le travail, un passe-temps, ou en vous abrutissant de télévision.) Ne faites pas ça! Commandez-vous mentalement d'arrêter. Visualisez clairement ces lettres: S-T-O-P!

Si déplaisant, si douloureux que soient le désespoir, le vide et le découragement, n'hésitez pas à y descendre et à y rester pendant quelque temps. Explorez. Après tout, c'est là que se trouve votre nature profonde. Pourquoi craindre ce face à face? Ne craignez pas la douleur ni le vide; ils ne vous captureront pas et ne vous détruiront pas. En réalité, la douleur est précisément ce que vous avez appris à mettre à profit pour vous empêcher d'affronter les secrets de votre personnalité, ses côtés fragiles et vulnérables, souvent refoulés depuis l'enfance, quand il convenait de les refouler. Maintenant que le vide et le désespoir menacent de vous noyer, lancez-vous une bouée de sauvetage en vous posant la question suivante:

*Comment c'est d'être marié avec moi?*

Fermez les yeux et laissez-vous pénétrer de cette question pendant un certain temps. Posez-vous-la encore et encore. Si des pensées, des problèmes ou des préoccupations s'interposent et vous distraient, reconnaissez leur existence mais ne vous y arrêtez pas. Certaines personnes trouvent utile de placer ces intrusions dans une bulle imaginaire et de la regarder s'éloigner paresseusement. D'autres préfèrent les insérer dans la chemise des «Choses à faire» de leur cerveau ou de les noter dans un calepin qu'elles gardent auprès d'elles. D'autres encore se laissent harceler par une voix intérieure chaque fois qu'elles s'efforcent de méditer, une voix qui semble vouloir les garder enchaînées au réel et au superficiel. J'ai découvert qu'il était préférable de ne pas chercher à combattre cette voix ou à la faire taire, mais de l'intégrer au processus. Il est possible que certaines personnes, naturellement plus verbales que visuelles, trouvent plus difficile que d'autres de faire le vide intérieur. Ainsi, au lieu de résister à la voix, demandez-lui de contempler La Question et de vous dicter ses réponses. Vous amorcerez de la sorte un dialogue essentiel avec vous-même.

Efforcez-vous de vous concentrer chaque fois sur La Question pendant une dizaine de minutes. Et, entre vos séances de méditation, emportez La Question avec vous partout où vous allez, posez-vous-la de temps à autre, histoire de ne pas laisser caler le moteur. Ne cherchez pas immédiatement des réponses. Gravez d'abord La Question dans votre esprit et dans votre cœur.

Pendant un jour ou deux, pendant une semaine même, isolez-vous aussi souvent que vous pouvez, et laissez votre esprit s'envoler où La Question l'emportera. Vous constaterez bientôt que cette simple «petite» question comporte des pelures et des pelures de significations diverses.

Vous devriez trouver un sain mélange de réponses positives et de réponses négatives. Si toutes vos réponses sont négatives ou toutes sont positives, c'est que vous n'êtes pas réaliste. Vous devriez alors vous efforcer de conduire votre réflexion dans une voie différente.

Si, par La Question, vous vous mettez à la place de votre partenaire, c'est très bien. Endossez ses habits tant que vous ne ressentirez pas quel effet cela fait d'être marié avec vous.

Si La Question vous entraîne dans un monde imaginaire où vous rencontrez et épousez votre propre double, c'est très bien. Jouez un peu avec cette idée.

Si elle vous élève au-dessus de vous-même et vous permet de vous analyser objectivement, c'est magnifique. Profitez de cette chance.

Le but de La Question est de vous permettre de vous examiner et d'examiner votre relation de couple à partir de points de vue différents.

Si cela peut vous aider, imaginez-vous dans la peau de plusieurs personnes et cherchez à savoir quel effet cela leur ferait d'être mariées avec vous.

Soyez l'enfant en vous, l'enfant terrifié et vulnérable.

Soyez votre père.

Votre mère.

Votre meilleur ami.

Votre meilleure amie.

Imaginez toutes sortes de possibilités, et n'oubliez pas qu'il n'y a pas de bonnes ou de mauvaises réponses.

Quand vous en aurez fini de l'histoire qui suit, de Denis et de Jeanne, posez le livre et laissez passer tout le temps que vous estimerez nécessaire avant de poursuivre votre lecture.

## DENIS ET JEANNE — PREMIÈRE PARTIE

Ce furent de rudes fréquentations, marquées, à l'initiative de Jeanne, par deux ruptures. Mais Denis persista et finit par vaincre la résistance de son amie. La lune de miel dura quelque deux ans. À plusieurs reprises, chaque mois quand ils partageaient un moment de bonheur, Denis amenait Jeanne à admettre que son refus de l'épouser avait été ridicule.

Tous deux travaillaient: Jeanne dans une garderie, Denis en qualité de vendeur de publicité pour un magazine industriel destiné aux manufacturiers d'appareils ménagers. Ils vivaient dans un appartement d'une chambre à coucher dans un immeuble de banlieue habité majoritairement par des jeunes couples, dont certains devinrent leurs amis. Ils eurent bientôt une vie sociale active, surtout les week-ends, où ils se réunissaient pour des déjeuners en plein air, des coquetels, des parties de bridge et du commérage. Ils possédaient deux voitures neuves. La vie était belle.

Denis était tombé follement amoureux de Jeanne dès qu'il avait posé les yeux sur elle. Il finissait sans grand succès sa deuxième année d'université, tandis que Jeanne, en première année, avait du succès. Elle avait de grands yeux bruns qui conféraient du mystère et de la sensualité à son joli visage ovale. Elle s'était laissée convaincre de participer au concours de Reine de fin d'année, et, avec sa quatrième place, fut la seule étudiante de première année à faire partie de la suite de la Reine. Il y avait en elle une calme assurance qui apaisait Denis et qui pouvait tout aussi bien céder la place à un ludisme bouffon qu'il trouvait délicieux. En outre, ses baisers étaient les plus passionnés que Denis ait jamais connus.

Pour Jeanne, Denis était gentil et rassurant. Il ne la poussait pas à avoir des relations sexuelles, et il était attentif à ses humeurs et à ses besoins. En outre, ses camarades de résidence, et, plus tard, celles de l'association d'étudiantes qui l'avait accueillie, voyaient en lui un bon parti. Il était grand, beau garçon et reconnu sur le campus comme un excellent guitariste. Jeanne trouvait amusant de «porter l'insigne» de Denis et appréciait cette exclusivité, qui la préservait des jeux socio-sexuels dont elle trouvait le manque de discernement plutôt menaçant.

Il reçut son diplôme un an avant elle. Le moment semblait venu de mettre fin à leurs amours d'université. Mais il continua de l'inviter à sortir, et, de temps à autre, Jeanne n'eut pas le cœur de refuser. Quand elle quitta l'université et commença à enseigner, il insista pour qu'ils reviennent ensemble. Bien entendu, une fois qu'ils eurent recommencé à se fréquenter, il insista pour qu'ils se marient. Il avait construit toute sa vie autour de leur avenir commun, et avait même opté pour un poste très bien rémunéré dans un magazine, plutôt que de poursuivre ses ambitions dans le domaine du spectacle. Ils se fiancèrent, mais Jeanne rompit pour «voir un peu et être bien sûre d'elle». Il attendit. Les hommes qu'elle connut étaient si agressifs et si peu sensibles que le ferme engagement de Denis lui parut beaucoup plus attrayant.

Ils se marièrent. La vie qu'ils menaient, le romantisme que leur vie sexuelle attisait en elle, ainsi que leur communauté d'intérêts la portaient à admettre, quand Denis le lui demandait, que ses réticences avaient été ridicules. Mais à l'approche de leur troisième anniversaire, la chimie de leur couple commença à s'altérer. Jeanne dit que c'était Denis qui changeait. Denis était d'avis que les choses étaient pas mal toujours les mêmes, sauf qu'ils vieillissaient tous les deux et que, sans doute, ils avaient tendance à se tenir l'un l'autre pour acquis.

Mais les choses avaient changé, et Denis était différent. Il avait de fréquentes sautes d'humeur et il n'était pas aussi attentionné envers Jeanne que pendant les hauts et les bas de leurs fréquentations. Prendre un verre avec les clients faisait partie de son travail, mais maintenant, il buvait régulièrement des martinis, que ce soit en société, ou avec des clients, ou simplement à la maison, quand il rentrait de son travail. Il ne buvait jamais assez pour avoir l'air ivre ou même gris; il n'en buvait jamais plus que deux. Mais le gin semblait creuser un gouffre entre eux deux. Quand arriva leur quatrième anniversaire, ils avaient interverti leurs rôles: Jeanne réclamait de plus en plus d'attention, d'affection, d'engagement, et Denis fuyait en jouant au poker avec des copains ou en «s'amusant», comme il disait, avec sa guitare.

Il passa de plus en plus de temps à jouer de son instrument et composa des chansons que Jeanne qualifia de «rock dépressif». Les paroles, selon elle, étaient «imbues de regrets et d'occasions manquées».

Ils commencèrent à se quereller pour des peccadilles. Il critiqua sa façon de conduire, ou sa manie de prendre toute la place dans le garage. Il se plaignit de la «superficialité» de leurs amis et se retira de plus en plus de la vie sociale qu'ils avaient menée avec leurs voisins d'appartement. Un soir que Jeanne voulut faire l'amour, il lui dit qu'il l'avait mieux aimée en vierge effarouchée.

Aux yeux de Jeanne, Denis lui en voulait toujours, comme s'il la blâmait pour quelque chose sans être capable de l'exprimer.

La première fois que Jeanne se demanda «Comment c'est d'être marié avec moi?», elle ne trouva que des réponses positives. Être marié avec elle était formidable, se dit-elle, car elle était chaleureuse, attentionnée, affectueuse, sexy et belle, et elle assumait sa part du marché en gagnant autant d'argent que Denis et en étant plus stable. Les seuls aspects négatifs auxquels elle arrivait à songer étaient qu'elle demandait parfois à Denis plus d'attention qu'il ne semblait pouvoir lui donner, y compris en matière de sexe, mais elle en rejetait la faute sur la nature impassible de son mari. Elle admit que lorsque la froideur de Denis la frustrait, elle pouvait devenir à son tour glaciale et méchante.

Lorsque Denis fut mis en présence de La Question, il était trop déprimé pour y réfléchir longuement. Il se contenta de répondre: «C'est sûrement un emmerdement de première que d'avoir épousé un raté.»

# 2

## *Faites votre inventaire*

### *Au travail*

Après que vous aurez laissé La Question vous trotter dans la tête pendant quelque temps, quand vous l'aurez tournée et retournée à satiété dans votre esprit, commencez à noter vos réponses. Que celles-ci soient courtes, tant positives que négatives, tant aimables que brutales.

Les meilleures réponses sont celles qui tiennent en un mot ou en une courte phrase. Si elles sont plus élaborées, cela signifie sans doute que vous compliquez indûment les choses à ce stade de l'exercice.

Ne vous attardez pas à votre liste, ne forcez pas vos réponses et ne portez pas de jugement sur elles. Ne les corrigez pas non plus. Votre brassage d'idées doit se faire en solo. Laissez donc émerger les réponses, notez-les, et invitez-en d'autres. Autant que faire se peut, généralisez:

«C'est affreux d'être marié avec moi.»

«Être marié avec moi, c'est le paradis.»

«Frustrant.»

«Plat.»

«Délicieux.»

«Merveilleux.»

«Ennuyeux.»

«Confondant.»

«Dangereux.»

«Excitant.»

Ces courts énoncés sont précisément le genre de réponses qui conviennent au début de l'exercice. Elles rendent possible tout le reste.

Certains d'entre vous trouveront plus juste d'établir des comparaisons:

«Être marié avec moi, c'est comme être tout seul.»

«Être marié avec moi, c'est comme mourir et aller au ciel.»

«Être marié avec moi, c'est comme s'aventurer dans un champ de mines.»

## DRESSEZ UN INVENTAIRE DE VOS COMPORTEMENTS ET DE VOS TRAITS DE CARACTÈRE

Observez vos réponses négatives, celles qui indiquent qu'il peut être difficile, agaçant, insatisfaisant, frustrant, etc., d'être marié avec vous. Isolez des autres les deux ou trois réponses qui vous paraissent les plus importantes, celles qui, selon vous, ont le plus grand impact sur vous et sur votre couple. Ajoutez toute réponse dont vous ne comprenez pas tout à fait la raison sans pour autant être en mesure de l'écarter. Vous devez concentrer votre attention sur les réponses négatives, car si vous vous efforcez de comprendre le comportement qui en est à l'origine et de lui apporter un correctif, vous aidez sensiblement votre couple. Les thérapeutes conjugaux ont constaté que si un des membres du couple fait en sorte d'aider la relation, l'autre l'imitera à son tour.

Supposons, par exemple, que vous ayez choisi le mot «frustrant» dans la liste des réponses qui vous ont été inspirées par La Question. Vous devrez ensuite spécifier ce qui, à votre avis, fait qu'il est frustrant d'être marié avec vous. Sans doute avez-vous déjà effectué cette recherche quand vous réfléchissiez à La Question. Sinon, le moment est venu de concentrer toute votre attention sur les comportements et les traits de caractère — ou la personnalité — qui font de vous le partenaire que vous êtes. Commençons par les comportements. Il est sans doute plus facile, en effet, de discerner ce que vous faites ou ne faites pas, plutôt que de prendre conscience de votre personnalité, c'est-à-dire de ce que vous êtes ou n'êtes pas. Bien entendu, ces deux éléments, les comportements et la personnalité, sont reliés entre eux, puisque le comportement est l'expression de la personnalité, et la personnalité engendre des comportements. Vous pouvez bien sûr passer tout de suite à l'analyse des traits de caractère si cela vous convient davantage, et revenir ensuite aux comportements qui en sont l'expression.

## L'ANALYSE DES COMPORTEMENTS

Isolez-vous quelques minutes et efforcez-vous de réfléchir à ce qui rend si _____ le fait d'être marié avec vous.

Dites-vous «Être marié avec moi est frustrant parce que je_____.» Naturellement, vous insérez votre propre qualificatif au lieu de «frustrant», puis vous continuez en mentionnant ce que vous faites ou ne faites pas.

Suscitez le plus grand nombre possible de réponses, notez-les, et répétez encore et encore la même phrase. Persistez, en dépit de la souffrance ou de l'embarras que vous causeront vos réponses.

«Le fait d'être marié avec moi est frustrant parce que je parle trop.»

«Le fait d'être marié avec moi est frustrant parce que je discute trop.»

«Le fait d'être marié avec moi est frustrant parce que je ne parle pas.»

«Le fait d'être marié avec moi est frustrant parce que je ne discute pas.»

Répétez souvent cet exercice, puis faites une pause, et refaites-le encore. Continuez jusqu'à épuisement du sujet.

Vous disposez maintenant d'une liste de comportements, d'un inventaire de ce que vous faites ou ne faites pas qui rend _____ le fait d'être marié avec vous.

## LES TRAITS DE CARACTÈRE

Essayez ensuite le déclencheur «... parce que je suis...» ou «... parce que je ne suis pas...» pour fouiller un peu ces traits de caractère qui rendent si _____ le fait d'être marié avec vous.

Mettez-vous à la place de votre partenaire. Efforcez-vous de penser comme il pense quand il est le plus vulnérable, le plus en colère, le plus frustré ou le plus blessé.

«Le fait d'être marié avec moi est frustrant parce que je suis silencieux.»

«Le fait d'être marié avec moi est frustrant parce que je suis porté sur la discussion.»

«Le fait d'être marié avec moi est frustrant parce que je suis paresseux.»

«Le fait d'être marié avec moi est frustrant parce que je suis introverti.»

«Le fait d'être marié avec moi est frustrant parce que je manque d'assurance.»

Ce qui vous intéresse ici, ce sont les traits de caractère. Ne vous préoccupez pas de ce que certaines réponses semblent dire la même chose en d'autres mots. Persistez jusqu'à ce que vous pensiez avoir épuisé toutes les réponses.

Si l'une de vos réponses vous surprend, ou si elle semble faire état d'un très vieux problème de personnalité que vous avez combattu toute votre vie — ou que vous vous êtes simplement efforcé de fuir — soulignez-la en rouge. Bizarrement, vos «meilleures» réponses seront sans doute celles que vous apprécierez le moins. Ne perdez pas courage: s'affronter ne fait pas mal longtemps. Un mauvais mariage fait mal toujours.

Pour ajouter encore à la liste des traits de caractère qui influencent votre relation de couple, efforcez-vous d'en extraire la continuité:

Êtes-vous concret ou abstrait dans votre façon de penser et de vous exprimer? Quel impact cela a-t-il sur le fait d'être marié avec vous?

Les faits vous importent-ils plus que les sentiments? Comment c'est d'être marié avec vous dans ces circonstances?

Êtes-vous introverti ou extraverti? Comment votre manière d'être influence-t-elle le fait d'être marié avec vous?

Êtes-vous sombre, morose ou joyeux? En quoi cela influence-t-il votre réponse à La Question?

Êtes-vous cérébral ou physique? Aimez-vous la musique folklorique ou le rock? Préférez-vous les échecs au football? Préférez-vous écouter ou parler?

Écrivez ceci au haut d'une feuille de papier: «Ce qu'il me faut changer pour devenir le conjoint que je voudrais être.»

Revoyez votre liste et notez les traits de caractère que vous aimeriez changer, qu'il vous faut transformer ou que vous accepteriez de modifier pour aider votre relation de couple. Inscrivez-les sous l'intitulé.

## AMPLIFIEZ VOTRE INVENTAIRE EN INVITANT
## LA PARTICIPATION DE VOTRE PARTENAIRE

Ici, les personnes qui font seules cet exercice et celles qui s'y livrent avec leur partenaire vont chacune leur chemin. Si vous êtes des premiers, passez tout de suite à B.

**A.** Les couples qui font l'exercice ensemble devraient ici échanger leurs listes respectives de ce qui, selon eux, gagnerait à être transformé.

Vous avez maintenant en main l'inventaire de votre partenaire. Choisissez l'élément qui vous semble le plus juste, le plus lourd de sens, le plus important, en somme, celui qui comptera le plus pour vous si votre partenaire réussit à le modifier. D'autre part, si vous pensez avoir une meilleure suggestion à proposer que celles qui figurent sur la liste de votre partenaire, n'hésitez pas à le faire.

Notez sur un feuillet à part les réponses que vous avez choisies ou ajoutées. Pliez la feuille de papier et remettez-la à votre partenaire avec sa liste.

Attendez vingt-quatre heures avant de lire ce que votre partenaire a écrit. Et n'en discutez pas.

**B.** Ceux qui font seuls l'exercice doivent maintenant demander le secours de leur partenaire. Envisagez-le comme une recherche, mais attention! Vous pourriez tout de même retomber dans vos vieilles habitudes et blâmer l'autre personne, bouder ou vous quereller. Essayez d'imaginer que vous êtes un grand reporter qui mène son enquête en toute objectivité. N'attendez rien de plus qu'une meilleure connaissance de vous-même.

«J'aurais besoin d'un coup de main» ferait une bonne entrée en matière. Expliquez brièvement à votre partenaire ce que vous avez fait jusque-là. Et tendez-lui votre liste.

Demandez-lui de choisir le comportement ou le trait de personnalité qui lui semble le plus juste, le plus lourd de sens ou le plus important, ou encore celui qui influence le plus votre vie de couple. Rien ne vous oblige à être d'accord ou à accepter sa suggestion. Mais de connaître l'opinion de votre partenaire ne peut pas nuire.

Votre conjoint n'a pas la possibilité d'inventer des réponses additionnelles s'il ne fait pas l'exercice en entier.

## PRÉPAREZ UN RÉSUMÉ

Rassemblez ce que vous avez noté et efforcez-vous de tout résumer en une seule phrase. Commencez par votre réponse à La Question, puis ajoutez-y la mention d'un ou deux traits de personnalité et de quelques comportements qui en sont l'expression. Ou encore, si vous le jugez préférable, après la réponse à La Question, mentionnez un ou deux comportements et spécifiez le ou les traits de caractère qu'ils mettent en évidence.

«Être marié avec moi est frustrant parce que je ne parle pas, et je ne parle pas parce que je suis timide.»

«Être marié avec moi est frustrant parce que je suis une personne trop portée sur le concret et que je remets tout en question.»

*   *   *

Continuez à rédiger des résumés de cet ordre jusqu'à ce que l'un d'eux provoque une vive réaction chez vous et s'impose comme une vérité fondamentale en ce qui vous concerne.

## *HÉLÈNE*

Hélène avait tout essayé pour que son mariage soit plus satisfaisant, tout sauf capituler — capituler n'était pas dans sa nature. Elle avait surmonté le décès de son père à l'âge de huit ans, et enduré un beau-père irascible et puéril à partir de l'âge de onze ans. Elle pouvait donc certainement s'accommoder d'un mari dont les émotions s'étaient taries à quelques mois de leur lune de miel! Et puis, il fallait songer aux enfants. Après avoir réussi à survivre sans amour pendant toutes ces années, il lui semblait ridicule de se laisser aller maintenant au découragement, d'autant plus que, si elle perdait l'espoir, elle divorcerait, et si elle divorçait, elle serait «seule au monde». Autrement dit, Hélène préférait un mauvais mariage à pas de mariage du tout. Et puis, Jacques n'était pas un mauvais mari. Il y en avait de pires. Il gagnait bien sa vie, il aimait les enfants et il savait réparer la plomberie quand elle faisait défaut.

Ce fut un moment difficile. Hélène dut réfléchir pendant plusieurs semaines à *Comment c'est d'être marié avec moi?* avant d'être en mesure d'admettre qu'elle ne réussirait jamais à rendre Jacques plus démonstratif, plus aimant. «Cesser de fumer a été plus facile», dit-elle.

Une fois qu'elle eut cessé de résister et qu'elle eut entrepris de dresser un inventaire de réponses à La Question, son mariage lui apparut sous un jour différent. Sa première réponse à La Question avait été: «C'est du gâteau», voulant dire par là qu'elle était seule responsable de la survie émotionnelle de son mariage. La réponse qui suivit celle-là l'étonna fort. Elle méditait sur La Question en route vers l'épicerie quand elle s'aperçut que le mot «encombrant» l'obsédait. Au début, elle ne jugea pas cette réponse justifiée ou satisfaisante, mais elle constata bientôt que ses exigences et ses précautions occupaient une telle place dans son mariage que les émotions de Jacques ne trouvaient pas à s'extérioriser.

Quand elle se mit à noter les comportements qui rendaient «encombrant» le fait d'être marié avec elle, elle en découvrit deux qu'elle devait et savait pouvoir changer.

Entre autres aspects encombrants de son mariage, elle demandait sans cesse à Jacques «Qu'est-ce qui ne va pas?». Si elle ne posait pas cette question tous les jours, de son propre aveu elle la posait quatre ou cinq jours par semaine, parfois vingt fois par jour.

Elle découvrit aussi qu'elle le pressait sans cesse de lui dire «Je t'aime», mais n'obtenait jamais qu'un marmonnement réticent une fois toutes les deux semaines.

Son insécurité fondamentale et un sentiment profond d'abandon remontant sans doute à la mort prématurée du père étaient les traits de personnalité à la source de sa quête insatiable de contact et d'assurance.

Ainsi, lorsque Hélène atteignit ce stade de l'exercice, sa réponse devint: «Être marié avec moi est encombrant parce que je manque d'assurance et parce que je suis trop vulnérable à un sentiment d'abandon.» Entre autres comportements qui étaient l'expression de ce trait de personnalité, Hélène cherchait toujours à percer les sentiments de Jacques et à lui soutirer des «Je t'aime».

# 3

## *Les transformations*

Voici sans doute l'étape la plus importante et la plus difficile de toutes. D'abord, redevenez vous-même. C'est d'autant plus crucial si vous êtes une personne qui se coupe en quatre pour être telle qu'on voudrait qu'elle soit.

Combien de gens traversent l'existence persuadés que s'ils étaient plus beaux, plus brillants en société, meilleurs au lit, plus intelligents, etc., ils recevraient enfin l'approbation, l'acceptation et l'amour qu'ils ont toujours souhaité avoir. Ces gens-là vont de leur enfance à leur mort toujours en manque d'épanouissement. Toute situation nouvelle, toute rencontre est pour eux une audition de plus, sans doute parce que dans leur enfance on ne les appréciait qu'en fonction de leur réalisation la plus récente.

Si c'est votre cas, en tout ou en partie, vous allez devoir apprendre à vous apprécier pour ce que vous êtes. Une thérapie individuelle ou de groupe pourrait vous y aider. Mais pour les besoins de nos exercices, les transformations que vous souhaitez effectuer n'ont rien à voir avec ces préoccupations. Elles ne relèvent pas d'une quête de perfection en vue de rechercher l'amour absolu. Ce serait davantage un moyen de vous connaître mieux et de réaliser votre plein potentiel. Ne faites aucune transformation qui ne saurait vous rapprocher de la personne, mari, épouse ou ami, que vous voulez devenir, pour vous-même.

Examinez les comportements et les traits de caractère dont vous et votre partenaire avez dressé les listes, en commençant par ceux qui figurent en résumé. Y a-t-il des concordances entre votre liste et la sienne? Dites-vous la même chose différemment? Si oui, il s'agit là de points importants qui méritent une attention spéciale. Choisissez, parmi les réponses qui disent la même chose, celles qui le disent le mieux et soulignez-les en rouge. D'autres réponses vous paraîtront peut-être creuses, mesquines ou sans pertinence. Biffez-les. Mais attention de ne pas simplement refuser ainsi de voir certaines choses en face. Il serait sans doute plus opportun, à ce stade-ci, de ne pas les biffer tout de suite mais d'y revenir plus tard. Y a-t-il une réponse dont le sens immédiat vous échappe, comme ce fut le cas pour Hélène et son obsession du mot «encombrant»? Si oui, soulignez-la en rouge elle aussi.

Concentrez-vous sur chaque comportement, sur chaque trait de personnalité que vous avez souligné en rouge, et posez-vous la question suivante:

«Est-ce que je tiens vraiment à rester ainsi?»

«Est-ce là ce que j'ai de mieux à offrir?»

Ensuite, décidez des aspects que vous voulez transformer en premier. Choisissez-en trois au plus. Comme plus tôt, basez-vous sur ce qui, à vos yeux, semblerait faire de vous la personne ou le conjoint que vous aimeriez être. Ne le faites pas en pensant que c'est une transformation qui plairait à votre partenaire ou qui l'amènerait à changer. Ne perdez pas cela de vue, même si votre plus grand espoir serait qu'il change.

Posez-vous les questions suivantes:

Ce trait de caractère ou ce comportement est-il un produit de la peur?

Mon désir de changer est-il inspiré par l'amour?

Si vous répondez chaque fois par l'affirmative, allez-y sans crainte.

C'est maintenant que les choses se compliquent. Examinez les points que vous avez isolés et choisissez le comportement ou le trait de personnalité dont la transformation vous paraît la plus facile à réaliser. Appliquez-vous à le modifier. Faites appel à toutes les astuces imaginables qui vous ont déjà réussi. Efforcez-vous de substituer à votre comportement une façon d'être diamétralement opposée. Ou bien, privez-vous d'un certain plaisir tant que vous n'aurez pas réussi à adopter une attitude différente pendant quelques jours, ou une semaine ou deux. Répétez-vous sans cesse: «Il ne m'est plus nécessaire de _____.»

Ou bien, concevez une affirmation, une brève déclaration positive que vous répéterez plusieurs fois par jour en vous regardant
dans les yeux dans un miroir. Par exemple, une personne trop
centrée sur elle-même pourrait affirmer: «Je sais écouter les
autres.» Ou encore: «C'est en écoutant que j'exprime de l'amour.»

Si vous possédez une imagination fertile, vous pourriez créer
une représentation visuelle du comportement que vous désirez
transformer, puis regarder cette transformation tandis qu'elle se
déroule dans votre tête. Vous pourriez aussi visualiser chaque
jour la personne que vous allez être quand vous aurez changé.
Un excellent psychiatre auprès de qui j'ai étudié déclare avoir
guéri un homme du déni de sa sexualité en l'amenant à imaginer
qu'un gorille vivait dans son corps. Cet homme devait visualiser
le gorille en question plusieurs fois par jour (on sait que le gorille
est un symbole de virilité), bouger et se déplacer comme si le
gorille bougeait et se déplaçait à sa place. Votre créativité a ici le
champ libre.

Quelle que soit la technique que vous adoptiez, persistez. Si
vous avez une rechute — et si vous êtes comme tout le monde,
vous en aurez sans doute — que cette rechute vous rappelle
combien ce que vous faites est important et quel effort vous
devez lui consacrer.

Quand il vous semblera que vous avez plus ou moins maîtrisé
ce premier changement, passez au suivant. N'attaquez le troisième comportement, le plus difficile, que lorsque vous aurez
noté des changements dans les deux premiers.

Reprenez votre liste plusieurs fois, ajoutez-y d'autres comportements, d'autres traits de caractère et, si vous vous sentez témé-
raire, posez-vous encore La Question et brassez vos idées, histoire de voir si d'autres réponses encore plus profondes ou
importantes ne surgiraient pas. Dans l'ensemble, vous devriez
être amplement pris par les efforts encore à faire sur ces aspects
de vous-même que vous désirez améliorer.

Pendant que vous vous efforcez de vous corriger, arrêtez-vous
de temps à autre pour vous demander *Comment c'est d'être marié
avec moi?* Vous serez sans doute surpris de constater combien peu
de temps aura suffi pour transformer déjà vos réponses. En outre,
l'empire que vous avez maintenant sur vous-même vous étonnera.

Nous nous appliquons tellement, pour la plupart, à dominer les êtres et les choses qui échappent à notre contrôle dans notre quête d'amour, d'assurance, de sécurité et d'acceptation que nous négligeons de prendre en charge le seul élément de notre vie que nous soyons vraiment en mesure de dominer. En effet, peu de gens admettent que le gouvernement de soi est le seul bon gouvernement.

## Faites part de vos expériences à votre partenaire

Après vous être bien appliqué à ces transformations, vous voudrez sans doute parler de votre expérience en compagnie de votre partenaire. Si vous avez travaillé seul, rappelez-lui qu'il vous a secondé quelque temps plus tôt dans la rédaction de votre liste. Dites comment vous vous êtes efforcé de changer et demandez un retour d'information. Ne soyez pas blessé ou triste si vous constatez qu'on n'a rien remarqué. Le but que vous visez ici est de pouvoir un jour dire à votre partenaire: «Voici le genre de conjoint que j'aimerais être, et voici ce que j'ai fait pour y parvenir.»

Usez de prudence quand vous abordez des questions personnelles et chargées d'émotion. N'attendez rien. Dites ce que vous avez fait et pourquoi vous l'avez fait. Parlez de vos efforts, de ce que vous avez ressenti, de ce qui a été plus difficile que prévu, de ce qui s'est révélé plus facile. Mentionnez les secteurs où il vous semble avoir fait des progrès, et ceux qui ne sont pas encore au point. Répondez aux questions de votre partenaire si elles vous concernent, mais ne lui permettez pas de minimiser votre travail ou les transformations que vous avez pu réaliser. Si vous pressentez une telle chose, dites simplement: «J'ai cru que cela t'intéresserait, car ce travail a pour but d'améliorer notre relation, et puisque tu bénéficieras aussi de telles améliorations.» Si votre partenaire persiste, dites-lui que vous n'appréciez pas son attitude. Puis, retournez à votre solitude et efforcez-vous encore de devenir le conjoint que vous souhaitez être. (Si vos transformations continuent de passer inaperçues, il se pourrait que votre couple soit si malingre qu'il bénéficierait d'un secours professionnel.)

Si vous avez travaillé à ces exercices en couple, deux discussions vous seraient profitables. Choisissez deux occasions différentes et concentrez-vous d'abord sur les efforts de l'un, puis, ensuite seulement, sur les efforts de l'autre. Quoi que vous fassiez, ne commettez pas l'erreur de renverser les rôles au cours d'un de vos dialogues. Si c'est à votre tour de parler, l'attention devrait être centrée sur vous, sur vos efforts, sur vos émotions, sur vos pensées, sur vos transformations. Ce moment vous appartient. Parlez librement, mais en concentrant toujours votre attention sur un seul de vous deux à la fois. Que les questions de l'un de vous ou ses commentaires se limitent à ce qui est susceptible d'approfondir votre compréhension mutuelle, ou qu'ils se rapportent uniquement à ce qui vient d'être dit. Assurez-vous de ne pas faire de ce dialogue un tournoi pour déterminer lequel de vous a le plus changé ou fait preuve de la meilleure perception de votre couple.

## PROTÉGEZ VOS TRANSFORMATIONS

Si vous faites cet exercice, des transformations auront lieu, de cela vous pouvez être sûr! Et toute transformation s'accompagne immanquablement d'un certain bouleversement émotionnel. En fait, dans certains cas, les transformations de l'un des conjoints peuvent à ce point menacer l'autre ou le précaire équilibre du mariage, que l'on s'efforcera de pousser la personne qui a changé à redevenir ce qu'elle était, à être «comme avant», sans tenir compte de ce que ce «comme avant» puisse contenir de frustrations et de malheur. Si vos changements se révèlent capables de résister à de telles pressions, votre partenaire traversera vraisemblablement un moment de crise. Il devra changer à son tour pour s'adapter à cette nouvelle situation, ou bien se retirer.

Vous risquez, en réaction au retrait ou aux manipulations de votre partenaire, de régresser à vos anciennes façons d'être afin de préserver votre mariage. C'est votre choix, bien sûr, si vous pouvez en payer le prix. Mais si vous vous êtes vraiment regardé en face, si vous avez bien observé le genre de conjoint que vous pouvez être et après vous être autant efforcé de changer au lieu de vouloir à tout prix transformer l'autre, vous ne renoncerez pas à pareil épanouissement. Il est malheureusement impossible de faire une distinction entre une retraite authentique et une manipulation visant à vous faire retomber dans vos comportements révolus. Cela étant, la seule solution sensée est de vous cramponner à votre évolution et à ces transformations que vous jugez positives, et de laisser le temps faire son œuvre. Si vous ne notez aucun changement dans votre relation de couple — remarquez l'emploi du terme «relation de couple» ici, et non pas du mot «partenaire» —, si votre partenaire se refuse à reconnaître les changements que vous avez opérés en vous et qu'il ne fasse pas sa part pour améliorer votre relation, la situation est peut-être plus grave. Vous devez sans doute faire face à un problème de drogue ou d'alcool, à de la dépression, à un narcissisme outrancier, ou même à un problème de santé mentale ou physique. Plus simplement encore, vous vous trouvez peut-être en face d'une relation morte, soit qu'elle ait fait son temps ou qu'un des deux membres de votre couple ait dépassé son partenaire, ou soit tombé amoureux de quelqu'un d'autre.

Un mariage qui ne peut survivre à une tentative de guérison de la part d'un de ses membres est un mariage troublé. Sa fin est sans doute inévitable, et sans doute serait-elle aussi une libération, peu importe la douleur qu'elle charrie ou les sentiments d'échec et d'abandon qu'elle éveille. Que vous décidiez de mettre fin à votre couple ou de vous «accrocher», parce que votre conjoint a besoin de vous ou à cause des enfants, vous devrez tenir compte de certains aspects moraux et religieux, et prendre des décisions qui ne sont pas du ressort de cet ouvrage. Je me bornerai à dire qu'il y a des occasions où, si difficile et triste que cela soit, le divorce est effectivement le premier pas vers la guérison. Si vous êtes confronté à une telle décision, recherchez sans tarder une aide professionnelle.

Si vous persistez dans vos tentatives de transformation, vous découvrirez bientôt la personne et le partenaire extraordinaire que vous pouvez être, capable de donner et de recevoir les cinq types d'amour décrits dans la troisième partie. Vous saurez aussi que vous souhaitez un partenaire capable de vous apprécier à votre juste valeur et qui voudra cultiver avec vous l'intimité, l'affection et l'harmonie que vous voulez et que vous méritez. Si les deux conjoints ne sont victimes d'aucune maladie ou assuétude (un gros «si» de nos jours, mais dont nous devons tenir compte, car les personnes souffrant d'accoutumance aux drogues ou à l'alcool, ou de maladie mentale ou physique, ont des besoins infiniment plus profonds et complexes que ceux que nous abordons ici), si les deux sont plus ou moins «normaux» et ne rencontrent que le quota habituel de problèmes ordinaires, les efforts sincères que fera l'un pour améliorer leur couple seront tôt ou tard appréciés par l'autre, qui les imitera. La raison en est que les personnes qui ne souffrent d'aucune assuétude, maladie mentale ou physique souhaitent en général avoir des rapports honnêtes avec les autres. Nous ne sommes pas bien dans notre peau si nous pensons ne pas avoir été justes ou corrects. Au mieux, nous contrôlons nos actes pour maintenir l'équilibre; au pire, nous cherchons à justifier nos actes et nos omissions en les raisonnant. Et pour que nos raisonnements nous convainquent que nous avons été équitables, ils doivent, au moins en partie, s'appuyer sur la justice et sur les faits.

Ne perdez pas cela de vue quand vous discutez avec votre partenaire des comportements et des traits de personnalité que vous vous êtes efforcé de transformer. S'il semble déraisonnable, s'il s'accroche à une façon d'être qui nuit à votre relation, il se peut qu'il s'en estime justifié, à tort ou à raison, pour d'autres motifs qui ont affecté ou affectent encore votre couple, ou peut-être en raison de quelque chose qui aurait marqué par le passé une autre relation importante.

Il est pratiquement impossible à votre partenaire de vous observer dans vos efforts et dans votre combat pour changer, sans en être ému et sans se regarder en face à son tour. Vous avez le droit d'espérer que cela se produise — c'est dans la nature humaine d'espérer — mais vous savez que là n'est pas la raison première de l'exercice auquel vous vous êtes livré. Vous acceptez la difficile prise de conscience, vous vous efforcez de vous transformer parce que vous savez être le seul élément de votre couple que vous puissiez dominer. Et aussi parce que vous avez le droit d'être le meilleur conjoint possible.

## MARGUERITE ET BENOÎT

L'intelligence, une énergie sans borne et la ténacité étaient ce qui avait permis à Margo de s'extraire du ghetto de la pauvreté. En cours de route, elle avait épousé un homme doux et sensible, qui n'élevait jamais la voix et qui se satisfaisait d'un poste de conseiller en placement au gouvernement. Benoît était très attaché à sa famille; il avait déjà 28 ans quand il quitta la maison, c'est-à-dire quand Margo l'eut convaincu de l'épouser et d'avoir des enfants.

Comme c'est souvent le cas, les qualités qui les avaient attirés l'un vers l'autre pendant leurs fréquentations devinrent les défauts intolérables qui les séparèrent après la lune de miel, quand Margo et Benoît se virent tels qu'ils étaient en réalité. Margo envia au début l'attachement que Benoît manifestait à sa famille, mais elle en vint à le voir comme un signe d'immaturité, de dépendance et de faiblesse. Elle avait d'abord vu un «épanouissement professionnel» dans la satisfaction de Benoît pour son travail, mais l'interprétait maintenant comme un «manque d'ambition et d'énergie». Sa voix douce, naguère «bonne, aimable, affectueuse», l'agaçait au point où elle la disait maintenant «mielleuse et faible». Quant à Benoît, l'énergie et la diligence de Margo, qui l'avaient d'abord stimulé et attiré, finirent par devenir une source de frustration et enfin un signal de danger. Son intelligence, sa vivacité cessèrent de le soulever pour devenir «un agacement constant, car avec elle rien n'est jamais facile ou simple».

L'ambition de Marguerite leur fit risquer des investissements périlleux. Si certains d'entre eux ne leur firent pas perdre d'argent ou même leur en rapportèrent un peu, ils en vinrent tout de même à y engouffrer des sommes considérables. Marguerite ne s'en inquiéta pas. Elle se contenta de mettre d'autres marrons au feu. Quant à Benoît, il était terrassé. Dans son univers à lui, on ne restait pas tranquillement assis avec un endettement de centaines de milliers de dollars. Il préconisa la déclaration de faillite qui les libérerait des créanciers et qui les forcerait à adopter un mode de vie plus normal. Mais son épouse avait de l'énergie à revendre. Elle contracta d'autres prêts, fonda d'autres entreprises. Son ambition, son zèle, sa vivacité allaient les sauver du désastre, disait-elle. C'en fut trop pour Benoît, qui retourna chez ses parents.

Margo avait maintenant un autre défi à relever: regagner son conjoint. En fait, quand elle commença à réfléchir à la question: *Comment c'est d'être marié avec moi?*, elle possédait quatre entreprises, était propriétaire et gérante de cinq investissements immobiliers qu'elle s'efforçait de développer ou de vendre, et elle louait ses services à titre de consultante professionnelle. J'ignore quand elle trouva le temps de réfléchir à La Question, mais elle le fit, et ce qu'elle découvrit ne surprit personne autant qu'elle. Elle se rendit compte que les qualités mêmes qui lui avaient permis de survivre à la pauvreté et de monter l'échelle sociale avaient fait d'elle une conjointe impossible.

«J'ai besoin de croire que je suis assez intelligente et assez disciplinée pour vaincre et surmonter n'importe quoi, dit-elle, mais l'ennui est que, pour cela, il me faut sans cesse un obstacle à franchir. Cela conduit à trop d'intensité et à un tel épuisement émotif, qu'il ne me reste plus rien pour Benoît.»

C'était là l'obstacle le plus difficile auquel Marguerite ne se fût jamais heurtée, et il était rendu encore plus difficile par le fait que si elle l'abordait comme elle le faisait pour tout le reste, elle irait à l'encontre de ses propres intentions. Elle devait retirer certains marrons du feu et admettre que la vie, la réalité, étaient plus puissantes qu'elle. Elle dut prendre conscience qu'il existait des choses dont son énergie et son intelligence ne viendraient jamais à bout. Elle apprit peu à peu à ne rien faire, à rester assise en faisant le vide dans son esprit pendant quelques secondes, puis pendant quelques minutes.

Aux dernières nouvelles, elle et Benoît ont repris. Margo réussit maintenant à faire le vide pendant douze minutes, deux fois par jour. Elle ne possède plus que deux entreprises, exerce son travail de consultante, et n'a qu'un seul investissement immobilier «qui se gère pratiquement tout seul».

# ·II·

# *Les réalités de l'existence*

## *Comment faire face à nos problèmes de couple grâce à La Question*

Chacun des cinq chapitres qui suivent traite d'une question ou d'un problème que les plus éminents thérapeutes conjugaux ont cernés en raison de leur potentiel de destruction ou d'apprentissage. Vous pouvez les aborder dans l'ordre, ou choisir celui qui convient le plus à la situation que vous affrontez avec votre partenaire.

# 4

## *La java de l'intimité*

Presque tous les couples dansent sur un rythme qui règle le degré d'intimité qu'ils partagent et son intensité, tout au long de leur relation, mais aussi à des moments spécifiques. L'intimité n'est pas statique et son intensité n'est pas constante. Les membres du couple s'approchent et s'éloignent sans cesse l'un de l'autre, répondant ainsi à leurs besoins et aux circonstances extérieures.

Au cours de votre lecture du présent chapitre, posez-vous toujours les questions suivantes:

*Comment c'est d'être marié avec moi compte tenu de mon rapport à l'intimité?*

- Suis-je la personne qui fonce ou celle qui se distancie?
- Quels sont les moments où je fonce?
- Quelle est ma manière de foncer?
- Quels sont les avantages que j'en retire?
- Quels sont les moments où je me distancie?
- Quelles sont les tactiques que je mets en œuvre pour me distancier?

## *La java de l'intimité*

Dans votre couple, êtes-vous le conjoint qui, le plus souvent, recherche plus de contact, demande plus d'amour, plus de temps, plus d'affection que vous n'en recevez? Est-ce vous qui faites apparemment les premiers pas pour vous rapprocher de votre partenaire?

Ouvertement ou en secret, souhaitez-vous toujours que votre conjoint change?

Si c'est le cas, vous êtes la personne qui fonce.

Êtes-vous au contraire la personne que l'intimité rend mal à l'aise, qui se sent parfois envahi et qui réagit en se créant des territoires, en se concentrant sur des activités, des objets, des passe-temps, sur la télévision ou sur son travail? Êtes-vous de ces personnes qui trouvent mille et une façons de s'occuper et d'être absentes?

Si c'est le cas, vous êtes la personne qui se distancie.

Il est possible que, selon la situation, vous soyez à la fois la personne qui fonce et celle qui se distancie, chassant parfois et parfois fuyant. Mais observez cette java du dehors pendant une semaine environ, à mesure que votre relation traverse un cycle de changements et que vous affrontez des situations différentes dans votre couple. Vous constaterez alors que l'un de vous deux est, de façon plus marquée, la personne qui fonce, et l'autre, celle qui se distancie.

Nous recherchons tous un contact avec autrui, plus particulièrement avec une personne spéciale. Il s'agit, si l'on peut dire, d'une faim innée d'unité — qui peut susciter une réflexion mystique si l'on s'attarde à son origine et au rôle qu'elle tient dans notre besoin d'aimer et d'être aimé. Pour la plupart, cette quête d'unité marque le retour à un état connu, puis perdu depuis longtemps, et peut entraîner l'esprit vers de profondes méditations, psychologiques ou spirituelles selon l'orientation de chacun.

Il peut aussi arriver que l'intimité nous envahisse, nous étouffe, comme si notre engagement profond envers un autre être était une «dépossession» qui nous retirait notre individualité. Tout se passe alors comme si les besoins de l'autre et ceux du couple devenaient trop bruyants, trop présents, trop intenses, et faisaient en sorte que notre être et notre bien-être intimes, notre gyroscope personnel, soient déséquilibrés et déviés.

Cette dynamique existe dans toute relation de couple, car nous quittons notre famille d'origine en emportant avec nous à la fois un besoin de contact, de proximité, d'intimité, et un besoin d'individualité, d'indépendance et d'espace. L'intensité de ces besoins varie d'un individu à l'autre, mais, toutes différences mises à part, nous avons tous, en ce qui concerne l'intimité, un *seuil de tolérance* et un *appétit*.

Le rapport entre l'appétit d'intimité et le seuil de tolérance est la force motrice de la dynamique que l'éminent thérapeute familial Thomas Fogarty a décrit comme la «danse des distanciés et des fonceurs», et que le psychologue auteur Augustus Napier *(Le Creuset familial)* appelle «Le scénario du rejet et de l'intrusion».

Si vous êtes en couple depuis un bon moment, vous avez probablement perfectionné à un très haut degré ce jeu du chat et de la souris. Pour la personne qui fonce, épanouissement égale proximité, mais la plupart des personnes qui foncent n'atteignent jamais le degré d'intimité ou de profondeur qu'elles souhaiteraient. Elles se sentent vides et perdues si le contact n'a pas lieu, ou quand elles ne sont pas occupées à le rechercher, *quand elles ne sont pas absorbées par la quête qui leur permet d'espérer obtenir ce qu'elles cherchent.* Dans les cas extrêmes, ces personnes n'ont aucune identité propre, aucun aplomb sinon ceux qui sont définis par leurs rapports avec leur partenaire.

Si vous êtes de ceux qui foncent, de ces personnes qui cherchent à se rapprocher de l'autre, vous devez souvent vous surprendre à souhaiter que votre partenaire change, qu'il ait des comportements différents, qu'il s'engage davantage, exprime des sentiments plus profonds, s'ouvre, montre qu'il a un cœur qui bat, pas uniquement une tête qui pense. Peut-être pensez-vous que votre partenaire a été «gâté» par ses parents ou traumatisé pendant son enfance, et que vous êtes sa rédemption. L'énergie émotionnelle que vous dépensez pour guérir ou transformer cette personne est gigantesque.

Malheureusement, la fonceuse intrépide se retrouve souvent mariée à un homme qui se distancie, qui se sent envahi et étouffé dès que la proximité dépasse un certain seuil d'intensité. Au-delà d'un certain point, toute manifestation d'intimité lui devient intolérable, car elle brouille les limites de son individualité et celles de sa partenaire. Elle menace aussi de l'étouffer et de l'incarcérer, en d'autres termes de lui retirer la liberté dont il a besoin pour poursuivre ses ambitions. Celui qui se distancie a autant

besoin d'air que la personne qui fonce a besoin de rapprochement, et il a depuis longtemps perfectionné toutes les stratégies
qui lui permettent de prendre des voies d'évitement, de résister,
de remettre à plus tard, ou de céder (malgré lui) pour un temps.

Cette java chorégraphiée par les deux membres du couple a
pour but de régulariser la distance entre eux. Il ne s'agit pas
d'une confrontation du bon et du méchant, quelles qu'en soient
les apparences. Mais vous pourriez néanmoins vous sentir dupé,
frustré et pris au piège.

## LA TYPOLOGIE DES GENRES

Notre culture enseigne aux femmes à s'épanouir dans les
soins attentionnés qu'elles prodiguent et dans les rapports affec-
tifs. C'est le modèle de la mère que la fillette imite et que récom-
pensent d'abord le père puis les garçons. Par ce processus d'imi-
tation (et ce lavage de cerveau), les fillettes apprennent à trouver
leur identité dans les liens qu'elles forment avec quelqu'un
d'autre et dans l'amour et la dévotion qu'elles lui offrent. Lorsque, devenue adulte, la jeune femme se retrouve seule ou trop
séparée de ceux qu'elle aime, elle en éprouve un sentiment de
vide intérieur. Les hommes réagissent d'une façon similaire
lorsqu'ils sont contraints, pour une raison ou une autre, de poursuivre leurs ambitions professionnelles. Dans les cas extrêmes, ce
vide se traduit par l'angoisse d'avoir à traverser un monde
dénué de sens, puisque dénué d'amour, et la dépression clinique
peut alors être erronément diagnostiquée. Ce lavage de cerveau
n'est plus aussi courant depuis que les hommes ont commencé à
renoncer au pouvoir absolu et que les femmes leur sont de plus
en plus égales dans le monde du travail, dans celui de la politi-
que et dans celui des affaires. Mais d'autres changements doivent d'abord affecter les habitudes familiales et les méthodes
d'éducation des enfants avant que les filles ne s'identifient à un
modèle différent.

Pour les hommes, le passage parfois difficile vers l'acquisition
de leur identité masculine commence en général lorsque le petit
garçon quitte la rassurante intimité de la mère pour s'adonner
aux jeux et aux compétitions des autres garçons, qui préfigurent
les jeux et les compétitions du monde adulte. Naturellement, si

le petit garçon qui se trouvait si bien dans les jupes de sa mère s'en sépare trop vite, il risque de se sentir seul et abandonné. D'autre part, s'il lui reste soudé et qu'il ne s'aventure pas loin d'elle, il étouffera et ne deviendra jamais un homme à part entière. Les hommes apprennent donc très tôt qu'une relation privilégiée avec une femme menace leur identité et l'idée qu'ils se font de leur autonomie. Ils croient qu'ils ne s'épanouiront, ne jouiront de la liberté nécessaire à leurs ambitions de domination et d'indépendance que s'ils se scindent de la femme et la maintiennent à distance.

Les nouvelles générations ont commencé à défier ces traditions, mais la plupart des hommes adultes ont été élevés dans l'entourage d'un homme mal à l'aise dans ses sentiments, peu prodigue de manifestations d'affection, de vulnérabilité ou de désir d'intimité. Les garçons s'identifiaient à ce modèle quand ils se séparaient de la mère. De nos jours, stimulés par les mouvements de libération des femmes, les hommes qui approuvent ces transformations doivent lutter contre une loyauté profondément ancrée envers ces modèles. À cette loyauté vient s'en ajouter une autre, dirigée cette fois vers la mère, car les hommes qui acquièrent leur identité masculine en s'éloignant de la première femme de leur vie ont parfois l'impression de la trahir s'ils laissent une autre femme occuper sa place. Et puisque ces premières leçons sont si profondément gravées en lui, il découvrira, à la rigueur malgré lui, qu'il est encore sous le joug de cet apprentissage, particulièrement lorsqu'il réagit à une voix intérieure, ou à une angoisse profonde, qui lui répètent que les avances de sa partenaire sont une menace à son autonomie et à son individualité.

Les thérapeutes conjugaux ont rencontré bon nombre d'hommes qui se distancient et de femmes qui foncent, bien entendu, mais avec les transformations que connaît notre culture, ces rôles sont un peu mieux partagés de nos jours. Cependant, c'est la plupart du temps la femme qui espère trouver son épanouissement dans un rapport d'intimité, tandis que son partenaire le recherche et recherche son identité et sa réussite dans l'action, l'indépendance et la poursuite autonome de ses rêves et de ses ambitions.

De tels schémas culturels conduisent les hommes et les femmes à se créer, en ce qui les concerne et en ce qui a trait à leurs relations intimes, des attentes qui ne correspondent pas à la réalité. Nous tombons amoureux et nous traversons la période des fréquentations dans un état second, que certains qualifient de folie. Nous nous marions ou nous cohabitons, et c'est alors que nous découvrons combien l'idée que nous nous faisons de l'intimité, de l'épanouissement, de la réalisation de soi et de l'individualité est différente de celle de notre partenaire.

Dans les toutes premières années d'une vie commune, un couple connaît deux moments de vérité. Le premier a lieu quand nous constatons que nous ne connaissons pas la personne que nous aimons, que nous avons épousée ou avec laquelle nous vivons. Le second est celui où nous nous apercevons que nous connaissons maintenant cette personne, mais que nous n'aimons pas tout ce que nous en avons appris.

Même les couples les plus heureux connaissent la tension qui provient du rapport entre la faim d'intimité et le seuil de tolérance de chacun des deux. Je simplifie à outrance une interaction fort complexe, mais pour les besoins de cet ouvrage, il suffit de savoir que parfois NOUS prenons trop de place par rapport à MOI, et que parfois, c'est l'inverse: JE suis trop en compagnie de MOI-MÊME et pas assez avec NOUS. En outre, cette faim d'intimité et ce seuil de tolérance se transforment avec le temps pour chaque individu, de sorte que ce qui nous convenait l'an dernier pourrait fort bien ne plus convenir du tout cette année.

Nous sommes différents par le sexe, par les notions d'intimité qui nous ont été inculquées au sein de notre famille, par notre appétit d'intimité et notre seuil de tolérance. Si l'on ajoute à cela le fait que le rapport entre notre faim d'intimité et notre seuil de tolérance varie sans cesse tout au long de notre vie, il devient impossible d'imaginer qu'en tout temps le désir d'intimité et le seuil de tolérance des deux membres d'un couple soient parfaitement identiques ou même simplement compatibles. Au contraire, la majorité des couples sont engagés dans une java où chaque danseur obéit à un rythme qui lui est propre.

Chez les couples heureux, la personne qui se distancie et celle qui fonce s'échangent les rôles en fonction des circonstances de leur vie, ce qui crée, au bout du compte, une sorte de zone de confort dont l'équilibre est maintenu par les avances et les reculs. C'est un espace d'intimité qui n'offre sans doute pas autant de proximité qu'elle pourrait souhaiter et pas autant d'indépendance qu'il aimerait. Mais le degré de rapprochement est tel qu'il convient à tous deux et qu'ils trouvent agréable d'être mariés. Sa stabilité provient du mouvement de navette exercé par les deux partenaires en fonction de leur faim d'intimité et de leur seuil de tolérance respectifs. Si elle cherche à se rapprocher, il recule, et la constance de l'écart est maintenue. En revanche, la dysfonction chez les couples est cause d'inflexibilité, d'immobilisme, et leurs rapports s'ancrent dans des rôles rigides, malsains et réactifs.

Tant la poursuite ininterrompue de la personne qui fonce, motivée par la peur de la solitude, et la fuite réactive de la personne qui se distancie, motivée par la peur de l'envahissement, sont des façons malsaines et puériles de réagir aux contraintes de la vie. La personne qui fonce se sent incomplète si elle est détachée de l'autre; la personne qui se distancie est poussée par le besoin de protéger son individualité sur laquelle pèse la menace d'une trop grande intimité. Cette attitude est très différente de la recherche de rapprochement par des rapports intimes avec l'autre, et de la connaissance de soi par les activités individuelles régénératrices. Étrangement, si distincts que soient ces besoins, ils sont tous les deux motivés par le désir d'éviter quelque chose: foncer équivaut à vouloir s'éviter soi-même, et prendre ses distances équivaut à vouloir éviter l'intimité.

L'ironie de la chose est que, moins la personne qui fonce et la personne qui se distancie s'efforcent d'obtenir ce qu'elles veulent, plus elles l'obtiennent. Mais il n'est pas facile d'admettre qu'une seule personne ne saurait être tout pour nous, ni nous redonner le lointain sentiment d'unité que nous avions perdu. Une des clés du succès d'un mariage consiste à ne pas en attendre plus qu'il ne peut donner.

La chose la plus importante à ne pas perdre de vue pour créer et maintenir cette zone de confort dont nous parlions précédemment est de respecter le rôle de la distance dans un couple. Cette notion va à l'encontre de ce qui nous a été inculqué, soit que le romanesque, le contact, l'intimité, l'engagement sont les secrets de la réussite d'un mariage. Bien sûr, ce sont là des aspects importants d'une relation de couple, mais il n'en est pas moins vrai que les mots «distance» et «espace» doivent être ajoutés à cette liste. Chaque partenaire doit en venir à considérer l'espace entre eux deux comme quelque chose d'essentiel à leur relation, un élément qui rend le rapprochement possible.

En d'autres termes, chacun doit respecter et aimer ce qui différencie l'autre, les traits de caractère, les intérêts et les activités qui l'éloignent de la relation. C'est ce respect qui rend sensible au mouvement, constante de toute relation.

Si un mari peut en venir à voir la quête de proximité de sa femme comme l'expression d'un besoin plutôt que comme une exigence qu'il ne peut satisfaire, il réagira de façon à ne pas lui faire éprouver un sentiment d'abandon. Parallèlement, si une épouse peut voir dans le besoin d'indépendance de son mari l'expression d'un besoin plutôt qu'un rejet, elle respectera sa solitude et évitera de l'envahir. Les conjoints qui respectent l'avance ou le recul de leur partenaire acquièrent le droit à leurs propres exigences. Un partenaire épanoui est plus en mesure d'admettre le besoin qu'a l'autre de vivre des expériences en dehors du couple qu'un partenaire qui se sent rejeté ou négligé. Le conjoint qui a la liberté de poursuivre ses intérêts et ses ambitions à l'extérieur de la relation peut apporter davantage au couple.

Dès que vous remettez vos attentes en question, surtout celle qui voudrait que votre partenaire réponde à tous vos besoins de contact, de proximité et d'unité, vous appréciez ce qui vous différencie l'un de l'autre et l'importance de l'espace entre vous deux. Au lieu de la java de fuite et poursuite que vous dansiez auparavant, chacun de vous développe un bien-être et une confiance suffisants pour analyser ses sentiments, ses besoins, ses actes, ses attentes, ses exigences de façon à accepter la relation pour ce qu'elle n'est pas, autant que pour ce qu'elle est.

Ce que recherchent les personnes qui foncent lorsqu'elles se rapprochent, et ce que veulent les personnes qui se distancient lorsqu'elles poursuivent leurs buts et leurs ambitions, ne se situe pas à l'endroit où elles le cherchent, car leur quête est avant tout spirituelle, c'est l'appel du sens et de l'unité qui sont au fond de nous tous. Il est tout aussi faux de penser qu'une plus grande intimité avec une autre personne fera aboutir cette quête, qu'il est faux de croire que la prochaine promotion nous donnera un sentiment d'accomplissement et de complétude.

Les questions qui suivent doivent être lues en fonction des chapitres 1 à 3.

- *Comment c'est d'être marié avec moi eu égard à mon besoin de proximité, d'intimité, de contact, d'unité?*
- *Comment c'est d'être marié avec moi eu égard à mon besoin d'autonomie, de solitude?*
- *Comment c'est d'être marié avec moi eu égard aux moyens que je prends pour me rapprocher (m'éloigner)?*

Foncez-vous parce que vous avez peur de la solitude, du vide, de l'abandon? Si oui, d'où provient cette peur et quelles convictions entretenez-vous à votre sujet et au sujet de l'amour pour nourrir cette peur? Connaissez-vous d'autres activités ou des personnes capables, d'une façon ou d'une autre, d'apaiser à la fois vos craintes et votre besoin d'un engagement profond avec quelqu'un d'autre?

Vous distanciez-vous parce que vous avez peur de l'intimité? Si oui, quelles relations vous ont appris à vous méfier de l'intimité, de la proximité, de l'amour? Que vous est-il arrivé alors que vous veillez à ne pas revivre? Ou bien vous distanciez-vous de peur de perdre votre identité ou votre liberté? Si oui, pourriez-vous vous ménager des moments d'autonomie d'une façon plus directe et plus honnête?

- *Comment ce serait d'être marié avec moi si je m'appliquais à changer ma façon de me distancier (de foncer)?*

Isolez-vous et méditez sur ces questions jusqu'à ce que vous puissiez mettre le doigt sur un ou deux comportements que vous avez, quand vous voulez foncer ou prendre vos distances. S'il le faut, reportez-vous à l'exercice décrit au chapitre 2. Puis, avec le chapitre 3 pour guide, commencez à apporter à ces comportements quelques changements mineurs.

Si vous n'êtes pas encore tout à fait prêt, efforcez-vous seulement d'exprimer plus ouvertement votre besoin d'espace ou d'intimité. Interprétez les comportements que vous avez remarqués comme des indices qu'il est temps d'exprimer plus directement vos besoins. La seule restriction qui s'impose ici est que vous exprimiez vos besoins sans blâmer votre partenaire. Dites:

«Cela n'a rien à voir avec toi. J'ai juste besoin d'un peu d'air. Je vais revenir.» Ou bien: «Je me sens seul. Je ne veux pas t'envahir, mais si tu pouvais m'accorder un peu plus d'attention, j'apprécierais.»

Si vous vous manifestez simplement tels que vous êtes, si vous exprimez clairement vos sentiments et vos besoins, au lieu de remarquer d'abord ce qui vous manque, vous découvrirez bientôt que vous n'êtes plus aussi porté à foncer ou à vous distancier et que la tension entre vous s'est relâchée.

## DENIS ET JEANNE — DEUXIÈME PARTIE

Le problème d'alcool de Denis s'intensifia moins que le temps qu'il passa avec sa guitare et ses chansons amères et tristes. Son humeur affecta ses revenus, qui consistaient avant tout en commissions. Plus Jeanne insistait pour qu'il lui dise ce qui n'allait pas, plus il s'éloignait d'elle et sombrait dans la dépression.

Il investit une partie de leurs économies dans la production d'un disque «démo» grâce auquel il espérait devenir riche et célèbre du jour au lendemain. Jeanne lui apporta son aide, bien qu'elle ait eu des doutes sur la sagesse de cette entreprise. Malgré cet appui, la première fois qu'elle voulut remettre en question certains frais de studio, Denis explosa et dormit sur le canapé pendant une semaine.

Les mois qu'ils passèrent à attendre des nouvelles (le démo avait été soumis à une demi-douzaine de grandes compagnies de disques) furent marqués de querelles hebdomadaires, que Jeanne tenait toutes pour inutiles. Elle suivit les conseils d'une amie et laissa Denis tranquille. Au bout d'un certain temps, il se rapprocha d'elle, mais leur vie sexuelle fut loin d'être ce qu'elle avait été et loin de ce que Jeanne aurait voulu qu'elle soit.

Denis continua à se plaindre de tout et sembla toujours vouloir chercher la bagarre. Un soir, Jeanne s'entendit lui dire, en larmes: «Écoute, si tu me détestes autant, tu n'as qu'à t'en aller!» Cette déclaration, qui les surprit tous deux, leur apporta un peu de calme. Mais il était clair, maintenant, que l'énergie, l'espoir et l'argent qu'ils avaient dépensés pour le démo avaient été gaspillés. Denis sombra dans une dépression telle que ses mauvaises humeurs précédentes auraient pu faire croire à la joie. Il ne buvait plus, mais il pouvait passer des heures à fixer le vide en pinçant au hasard les cordes de sa guitare.

Obéissant toujours aux conseils qu'on lui avait donnés, Jeanne s'inscrivit à des cours de tennis dans un club intérieur et eut immédiatement le béguin pour son instructeur. Il était plein de vie et très beau. Grâce à lui, elle se sentit à nouveau belle et désirable. Elle ne s'était pas encore aperçue à quel point ses problèmes de couple avaient affecté son amour-propre.

Quand elle avoua à Denis son attirance pour Richard, il joua un accord en mineur et marmonna: «Amuse-toi bien.»

C'était là la dernière chose à laquelle Jeanne se fût attendue. Quelque chose mourut en elle à ce moment précis. Elle sentit un vide l'envahir et, pliée en deux, elle se mit à pleurer à gros sanglots qui l'étouffaient. Quand elle se remit enfin de cette angoisse, elle jura qu'elle ne laisserait jamais plus rien ni personne la blesser de la sorte.

# 5

## *Parler, négocier, marchander*

La raison la plus évidente qui pousse deux personnes à communiquer entre elles est l'échange d'information, mais ce n'est certes pas la seule, et sans doute n'est-ce pas non plus la raison la plus fréquente qui incite deux personnes en relation d'intimité à se parler. Nous communiquons pour séduire, pour charmer, pour ne pas contrarier, pour cabotiner, pour apaiser, pour manipuler, pour calmer, pour vendre, pour distraire — la liste n'a pas de fin.

Certaines transactions visent à résoudre des problèmes, et d'autres à en créer.

Certaines portent des exigences, d'autres veulent rétablir ou conserver l'équilibre et la justice.

Certaines établissent un quelconque climat ou définissent les structures du pouvoir.

Certaines nous permettent d'épancher notre bile.

Certaines créent un contact pour le contact lui-même.

Certaines nous aident à exprimer des sentiments qui, sans elles, ne trouveraient pas à s'extérioriser.

Certaines manipulent, exercent un contrôle, ou appellent au secours.

Si étrange que cela soit, ce qui est dit représente souvent l'effort que fait une personne pour ordonner ses idées et ses sentiments, la tentative de mettre en mots ce qui est intangible pour en vérifier le sens, la justesse, la sagesse, l'intuition ou l'humour. Comme nous le disions précédemment, ce sont là des exercices de communication tout à fait valables dans la mesure où les deux personnes concernées savent ce qui se passe. Nous avons tous besoin de relations au sein desquelles il nous est permis de penser tout haut, mais le mariage n'en est pas toujours une.

En général, plus la relation est importante, plus nous avons d'intérêts en jeu lorsque nous exprimons quelque chose, et plus grande peut être la portée d'une conversation. Prenons par exemple le cas d'un mari qui voit une voiture sport dernier modèle et qui en apprécie la beauté. En réponse, sa femme lui lance une monosyllabe glaciale qui, pour lui, équivaut à mépriser et à rejeter ce qu'il vient de dire aussi sûrement que si elle avait répondu: «Qu'est-ce que tu veux que ça me fasse?» Il se fâche. Sa femme, cependant, a sans doute elle aussi trouvé cette voiture très belle, mais elle sait par expérience que le fait de le dire à ce moment précis risquerait de les entraîner tous deux dans une dépense frivole qu'ils ne peuvent pas se permettre. Un étranger aurait pu dire en toute liberté: «Eh oui, c'est un petit bijou!» et les choses en seraient restées là.

Voilà qui soulève une question importante: «Quand nos paroles ont-elles du poids?» Si la femme, dans cet exemple, n'éprouvait pas la crainte de voir son mari approuver tacitement ses commentaires, elle pourrait partager son admiration pour la technologie et la beauté de la voiture en question. Toutefois, pour que cela puisse avoir lieu, ils doivent d'abord convenir de ce que «rien de ce que nous pourrions dire ne devient officiel sans notre accord préalable». Toute mécanique et maladroite qu'elle semble, cette entente est extrêmement libératrice.

Il n'est pas difficile de comprendre, par conséquent, que les pires pannes de communication surviennent quand deux personnes engagent des dialogues distincts ou pour des motifs différents. Par exemple, si vous vous efforcez de me dire quelque chose pendant que je suis occupé à épancher ma bile, nous aurons tous les deux du mal à nous entendre.

Or, après une conversation ratée, isolez-vous et demandez-vous:

*Comment c'est d'être marié avec moi compte tenu de ma façon de communiquer?*

ou encore:

*Comment c'est de parler avec moi?*

• Votre partenaire sait-il quand vous blaguez, quand vous cherchez à persuader, quand vous laissez libre cours à l'émoi?

- Percevez-vous l'authenticité chez votre partenaire?
- Pouvez-vous exprimer votre propre authenticité?
- Pouvez-vous séduire, cajoler, distraire?
- Disposez-vous de tactiques subtiles pour le faire taire?
- Que faites-vous pour faire connaître à votre partenaire une chose qui, jusque-là, n'avait pas été comprise?
- Que faites-vous quand vous recherchez l'admiration, l'approbation, l'estime?
- Êtes-vous libre d'exprimer vos sentiments réels?

Après avoir sérieusement réfléchi à cela, parlez ensemble de votre manière de converser. Cela pourra vous sembler ridicule au début, et vous serez sans doute intimidé. Cependant, en persistant, vous dépasserez ce malaise et verrez l'importance et le sérieux de votre démarche.

Songez à une conversation récente qui aurait mal tourné — analysez-en la dynamique, et non pas le contenu. Quel était, selon chacun de vous, le but de cette conversation? Qu'espériez-vous accomplir?

Vous étiez peut-être nerveux et irrités; vous aviez peut-être besoin de vous épancher. Si c'est le cas, dites-le.

Vous avez peut-être fait intervenir des sentiments touchant un autre sujet, une autre occurrence, dans cette conversation.

Qu'en est-il de cette conversation après l'avoir examinée de la sorte? Que vous révèle-t-elle sur votre relation, sur le respect que vous avez l'un pour l'autre?

\* \* \*

Notre capacité de communiquer est sans doute ce qui nous différencie le mieux des autres espèces animales et ce qui nous a permis, pour le meilleur et pour le pire, de dominer la planète. Nous pouvons abuser de cette aptitude, et abuser l'un de l'autre par la même occasion, ou nous pouvons mettre ces talents à profit pour approfondir nos rapports intimes et enrichir nos relations. On a dit que personne n'est incapable de communiquer, ce qui signifie, en gros, que nous transmettons des messages même quand nous nous efforçons de refouler nos pensées et nos sentiments. Cela étant, il paraît logique de nous efforcer de communiquer avec le plus de limpidité possible, surtout avec notre partenaire de vie. La raison qui fait que la communication peut conduire un mariage à s'épanouir ou à s'étioler est simple: les fondements de la communication et ceux de l'amour véritable sont identiques; c'est le respect et l'aptitude à s'exprimer en toute intégrité, et l'aptitude à écouter l'autre personne et à respecter son intégrité.

Pour améliorer vos dons de communicateur, lisez la liste des aptitudes mentionnées ci-dessous tout en vous demandant:

*Comment c'est d'être marié avec moi compte tenu de ma façon de communiquer?*

1. Suis-je présent et alerte? Ne vous concentrez pas sur deux choses à la fois. Éteignez le téléviseur. Déposez votre journal. Redressez-vous. Soyez attentif.

2. Est-ce que je m'efforce de vraiment écouter ce que l'autre a à me dire?

3. Fais-je preuve d'empathie? Essayez d'éprouver les sentiments de l'autre personne en vous basant sur ce que vous entendez et sur ce que vous voyez. Vérifiez votre impression avant de présumer qu'elle est correcte.

4. Est-ce que je mets de côté mes propres opinions pour y revenir plus tard? N'essayez pas de convaincre l'autre personne de penser ou de ressentir autre chose que ce qu'elle vous transmet, car cela équivaudrait à rejeter une réalité différente de la vôtre.

5. Est-ce que je permets à mes sentiments d'influencer ma compréhension de l'autre? Est-ce que je me laisse dominer par les émotions désagréables que déclenchent les propos de l'autre personne, soit l'angoisse, la colère, la tristesse? Vous aurez la possibilité d'exprimer votre réaction aux propos de l'autre, mais uniquement si vous donnez à votre partenaire le loisir de s'exprimer d'abord. Ne perdez donc pas de vue que ne pas écouter l'autre équivaut à ne pas l'apprécier à sa juste valeur. Soyez conscients de vos émotions, mais ne les laissez pas vous dominer.

6. Les questions que je pose ont-elles pour but de clarifier certains points, ou bien celui de mettre l'autre personne au défi ou de lui faire subir un interrogatoire?

7. Fais-je rejaillir sur l'autre personne ce que je crois avoir entendu ou ce que j'imagine qu'elle ressent (voir le paragraphe 3)? Paraphrasez ce qu'on vous a dit: «Si je comprends bien, tu dis que...» Vous invitez de la sorte la clarification ou l'extrapolation. Si cela se produit, réfléchissez à ce que vous venez d'entendre et résumez ce que, selon vous, l'autre personne a voulu dire. Continuez jusqu'à être bien certains tous les deux que ce que dit l'autre est bien ce que vous entendez, et que ce que vous entendez est bien ce que l'autre veut dire.

8. Puis-je résister à l'envie de faire semblant d'écouter? Si vous ne pouvez pas vraiment être à l'écoute, si vous vous concentrez sur vous et sur le fait que vous êtes en train d'écouter l'autre, ou encore sur vos problèmes, vos opinions ou vos émotions, dites-le.

9. Est-ce que je me laisse distraire par mes pensées? Si votre esprit s'égare, rattrapez-le et concentrez-vous, ou bien admettez votre incapacité à être totalement présent.

10. Est-ce que je simplifie à l'extrême les propos de l'autre personne? Ne confondez pas avec les anciennes, les nouvelles idées, les nouvelles émotions ou les nouvelles questions. Ne supposez pas que vous savez ou que vous avez déjà entendu ce que l'on vous dit. Ne corrigez pas le message pour qu'il soit conforme à vos opinions. N'écoutez pas de façon sélective, n'entendez pas uniquement ce que vous voulez entendre ou ce que vous vous attendez à entendre.

11. Est-ce que j'écoute en jugeant sévèrement ce que j'entends comme étant bien ou mal, bon ou mauvais? Servez-vous de vos facultés d'analyse pour comprendre et non pas pour contester.

12. Suis-je spontané ou porté sur le calcul? Fais-je usage de manipulation, d'intimidation, de techniques de vente?

13. Est-ce que je me comporte en égal plutôt qu'en supérieur ou en inférieur?

14. Est-ce que je laisse les événements et le sens des paroles se développer d'eux-mêmes ou si je m'efforce de les contrôler? N'imposez pas aux propos qui circulent une signification de votre cru, ne précipitez rien, n'exigez rien, ne forcez rien.

15. Est-ce que je respecte l'autre personne autant que je me respecte moi-même?

## Le marchandage et la négociation

Marchandage et négociation peuvent sembler deux concepts identiques; pourtant, d'importantes et subtiles nuances les distinguent.

Le *marchandage* suppose que deux personnes ont ou croient avoir deux buts différents, et doivent préserver leurs besoins respectifs tout en sachant (en espérant) que l'autre fera de même. Chacun voit à être traité équitablement en se protégeant et en se munissant contre les astuces de l'autre personne. Pour que ce processus soit équitable et équilibré, chacun doit pouvoir compter sur les aptitudes au marchandage de l'autre. En d'autres termes, les deux partenaires doivent posséder des aptitudes équivalentes.

La *négociation* est un processus au cours duquel deux partenaires ayant un but commun recherchent une solution qui les satisfasse tous les deux ou qui soit bénéfique et juste pour la relation. Dans la négociation, chacun sait que si l'un des deux n'est pas équitablement traité, la relation elle-même en souffrira et les deux membres du couple en seront amoindris.

Le *marchandage* a lieu entre deux JE qui agissent dans leurs intérêts propres.

La *négociation* a lieu entre deux JE dont le but premier est le bien-être du NOUS.

Il y a un temps pour le marchandage *et* un temps pour la négociation. Si vous êtes conscient du fait qu'il y a marchandage, ce n'est pas forcément destructeur. En fait, cela pourrait même être positif et enrichissant si vous en arrivez à un compromis ou à une entente, ou si cela vous permet d'évoluer.

Les couples mariés doivent être capables de marchander et de négocier quand cela s'avère nécessaire, et surtout, ils doivent pouvoir distinguer entre les deux concepts.

*Comment c'est de négocier ou de marchander avec moi?*
- Êtes-vous tyrannique?
- Faites-vous de l'obstruction?
- Êtes-vous apaisant, conciliant ou jouez-vous au martyr?

Quand vous négociez:
* Êtes-vous en réalité en train de marchander en secret?
* Pensez-vous aux intérêts de l'autre personne?
* Sacrifiez-vous vos propres intérêts et attendez-vous quelque chose en retour?

Quand une personne laisse croire à une autre qu'une négociation est en cours alors qu'il s'agit en réalité d'un marchandage, c'est de l'exploitation.

Par exemple, j'ai reçu un couple en thérapie, dont le mari, un vendeur de voitures, m'a beaucoup appris sur les concepts de marchandage et de négociation et qui, par la même occasion, révéla à sa femme un de ses secrets les plus sauvagement gardés. Il m'expliqua que le vendeur de voiture s'efforcera de vous faire acheter une voiture au plus haut prix possible, et pour y réussir, il fera appel à tout un répertoire d'astuces, y compris la sincérité et l'honnêteté. Il estime tout à fait moral de tordre la vérité, car il sait que vous ferez tout en votre pouvoir pour acheter la voiture au plus bas prix possible. À ses yeux, vous essayez d'avoir le dessus, donc il essaie lui aussi d'avoir le dessus. C'est un marchandage. Il vous fait cadeau de la radio. Vous voulez plus pour votre vieille voiture. Vous avez vu le même modèle ailleurs, pour mille dollars de moins — ce qui est vraisemblable. Son patron ne lui permet pas de vous faire une meilleure offre. Vous mentez tous les deux, implicitement ou par omission, mais c'est néanmoins une relation de confiance, car vous connaissez tous les deux les règles du jeu et vous savez à quoi l'autre veut en venir. Cela ressemble à une bonne vieille scène de troc de bestiaux. Si le vendeur est au fait des dernières stratégies de marketing, il s'efforcera de vous convaincre que vous êtes en train de négocier et non pas de marchander. Il remarquera le langage de votre corps, votre choix de mots, votre style, et il les imitera pour imprimer en vous un message subliminal selon lequel vous vous ressemblez et vous êtes en réalité du même côté. S'il peut vous convaincre du fait que vous êtes unis par un but commun, soit celui de vous asseoir dans cette voiture neuve, bref, s'il peut vous convaincre que ce marchandage est en vérité une négociation qui vous conduit à un dénouement commun, il peut déjà calculer sa commission.

*Comment c'est de marchander/négocier avec moi pour:*
- Le ménage/la propreté?
- L'argent?
- Plus ou moins de communication?
- Plus ou moins de sexe?
- Les événements mondiaux?
- Le sens de l'existence?
- La personnalité ou les faiblesses de l'autre?
- Le manque de considération, la négligence?
- La maussaderie constante?
- Autre _____

Après avoir réfléchi à vos réponses à ces questions, vérifiez celles qui se répètent ou qui disent la même chose en d'autres mots. Choisissez les deux réponses qui vous paraissent les plus importantes, qui peuvent avoir le plus d'impact sur vous et votre partenaire et mettez-les à l'épreuve des exercices décrits aux chapitres 2 et 3. Ce processus vous oblige à concentrer votre attention sur les comportements et les traits de caractère qui gagneraient à être transformés pour que votre couple en tire profit et pour que vous puissiez devenir le meilleur conjoint, la meilleure personne possible. Une relation plus loyale sera la récompense que vous vaudront vos efforts.

# 6

## *Savoir se quereller*

### *Le couple qui aimait se quereller et qui se querellait pour mieux s'aimer*

Obéissant aux valeurs qui lui avaient été inculquées par sa riche famille, Carole voulait épouser un «bon parti», et Michel, qui provenait de la classe ouvrière, semblait promis à un brillant avenir au sein de la compagnie où ils firent connaissance. Ils paraissaient destinés l'un à l'autre, mais six ans, deux enfants et plusieurs emplois plus tard, tous les deux qualifiaient leur union de «mariage infernal».

Que s'était-il passé? Selon Carole, tout commença à se défaire dès la première année, quand Michel perdit son emploi. Tout à coup, les beaux voyages, les voitures de l'année et le revenu dans les six chiffres s'envolaient en fumée, et Carole éprouva un sentiment de panique comme elle n'en avait jamais connu. Michel, un adepte de la pensée positive, avait foi en ses capacités. Il ne s'apitoya pas sur son sort, mais plongea tête première dans une entreprise à risque élevé où sombrèrent la moitié des économies de Carole et une bonne partie d'une hypothèque sur la maison reçue en cadeau de noces des parents de Carole. Trois ans plus tard, quand cette entreprise fit faillite, il en fut si frustré et confus qu'il se mit à pleurer. «Mon Dieu, voilà que j'ai épousé un perdant», songea Carole, les yeux fermés et secouant la tête.

Pour protéger son amour-propre, Michel adopta une attitude je-m'en-foutiste dans laquelle Carole finit par voir de l'indifférence à son endroit. Il trouva un autre excellent emploi et restaura peu à peu sa situation financière, mais rien de ce qu'il faisait ne semblait pouvoir ramener Carole à de meilleures intentions. Environ une fois par semaine, son indifférence s'effondrait et il s'attaquait à sa femme avec violence.

Pour se protéger à son tour de ces attaques et de l'indifférence de son mari, Carole devint perpétuellement maussade. En réaction à tout ce qu'il disait, elle lui lançait des regards de dédain et de désapprobation, et elle ne ratait aucune occasion de le critiquer et de dresser une liste de griefs qui semblait n'avoir aucune fin.

Si un peu de passion survivait entre eux, elle s'exprimait maintenant toujours d'une façon conflictuelle, et, avec le temps, comme c'était là leur seule intimité, ils développèrent une accoutumance à la guerre conjugale et y excellèrent. Ils pouvaient se quereller en code devant les parents, les amis et les enfants, et s'infliger de profondes blessures sans élever la voix et sans perdre le sourire.

Beaucoup de temps passa avant qu'ils puissent se dégager suffisamment de ce comportement pour voir leurs propres émotions tout comme leur contribution à leur «mariage infernal». Il fallut plus que la menace du divorce — son imminence — pour qu'ils acceptent de se regarder en face et de vouloir changer.

Maintenant qu'il était en mesure de réfléchir à la question «Comment c'est pour Carole d'être mariée avec moi?», Michel s'adoucit un peu, abattit ses défenses et put extérioriser sa vulnérabilité et son affection. Il devait rester toujours conscient de ses sentiments profonds, même sous le feu de l'attaque et du ressentiment continuels. Cela n'était pas peu dire pour un Irlandais élevé dans la conviction que les émotions profondes doivent s'exprimer sous le couvert de l'humour, quand on ne peut pas les refouler complètement!

Le progrès de Carole fut encore plus difficile, car son ressentiment avait des fondements réels. Après tout, Michel avait perdu tout cet argent. Elle dut d'abord reconnaître qu'elle affrontait ses sentiments envers lui de la même façon qu'elle s'était défendue de l'indifférence de sa mère. Avant l'âge de dix ans, elle savait qu'en réaction à ce rejet elle pouvait soit être blessée et pleurer de désespoir pendant des heures, couchée dans son lit, ou bien se fâcher et attaquer, tant ouvertement que secrètement. Ayant fait l'expérience des deux réactions, elle constata que la colère était moins douloureuse et qu'elle lui donnait un plus grand sentiment (ou une plus grande illusion) de pouvoir.

Ce couple tira profit d'une version amendée de La Question, soit: *Comment ce serait d'être marié avec moi si j'exprimais ouvertement ce que je ressens?* Carole put aider Michel à voir que son ressentiment était moins vif s'il se montrait vulnérable plutôt qu'indifférent. Quant à Michel, il put démontrer à Carole qu'en l'accusant tacitement de «perdant» et en se plaignant de tout, elle provoquait son indifférence, tandis que des sentiments ouvertement exprimés faisaient ressortir son côté tendre.

Dans ma pratique, je vois sans cesse des couples qui aiment se quereller, et ils me rappellent toujours une phrase que ma mère m'a dite il y a très longtemps. Au secondaire, j'avais une petite amie dont les parents se faisaient une guerre continuelle et se disaient des horreurs. Je finis par m'en ouvrir à mes parents un soir, à table. Vingt ans d'expérience clinique durent s'écouler et je dus me munir de trois diplômes pour enfin comprendre ce que ma mère voulait dire quand elle déclara: «Oh, c'est leur façon de faire l'amour.» Je sais maintenant que les membres d'un couple mettent en œuvre des moyens qui peuvent paraître sinistres ou même dangereux pour répondre à leurs besoins mutuels.

Si étrange que cela paraisse, par comparaison avec la passion et la guerre conjugale, certains d'entre vous trouveront ennuyeux à périr le fait de réfléchir aux questions «Comment c'est d'être marié avec moi?» ou «Comment ce serait d'être marié avec moi si j'exprimais réellement mes sentiments (ou ma nature)?» Si la guerre est ce dont vous avez besoin, querellez-vous allègrement, mais n'allez pas croire que vous accomplissez là quelque chose de plus que le maintien d'un *statu quo* ou l'infliction de blessures qui laisseront des cicatrices.

Certains désaccords peuvent être productifs. En général, ils s'expriment par des phrases commençant par «Je». Au contraire, une attaque commence par «Tu» ou se concentre sur ce pronom.

Il existe des façons justes, saines et productives de se quereller, des moyens qui font avancer la relation, mais la guerre conjugale chronique peut annihiler l'amour-propre d'une personne et détruire toute confiance en la relation.

La guerre conjugale peut aussi devenir une accoutumance, peut-être parce que les couples découvrent avec le temps que se quereller avec passion est mieux que pas de passion du tout. Si c'est votre cas, réfléchissez: vous vous dégagerez peu à peu de la bataille et vous romprez le réflexe du blâme et du ressentiment. Avec le temps, vous perdrez même celui de vous quereller, mais sachez que vous en éprouverez des symptômes de manque; soit de l'agressivité, de la tristesse, une angoisse accrue, peut-être même du désespoir. Si vous constatez que vous n'êtes pas capable de suivre les indications contenues dans cet ouvrage en raison de votre accoutumance à la guerre conjugale, il est sans doute temps de consulter un professionnel. En outre, si après avoir suivi toutes les étapes que nous vous indiquons vous n'êtes toujours pas capable d'être vous-même ou d'accepter votre partenaire tel qu'il est, l'aide d'un professionnel vous serait profitable. Les thérapeutes conjugaux ont depuis longtemps compris que certains couples continuent d'envisager la querelle comme un substitut à l'intimité, ou qu'ils s'accrochent à des problèmes de surface pour n'avoir pas à s'affronter l'un l'autre ou à reconnaître leurs différences ou leur incompatibilité. Ces couples vivent une mort vivante ou semblent traverser sans cesse des alternances de tumulte et d'isolement, de conflit et d'aliénation, et ils ne ralentissent jamais assez pour analyser leur participation à un mode de vie aussi peu satisfaisant. Car le faire risquerait de mettre leur mariage en danger, et certaines personnes préfèrent encore s'accrocher à un mauvais mariage que d'affronter la solitude et l'inconnu. Cela semble rationnel; toutefois, les personnes qui ont d'abord fait un choix en fonction de leur peur de la solitude, de la perte ou de la séparation, rendent leur partenaire — et non pas leur propre peur — responsable de leur manque d'épanouissement.

Un des moyens mis en œuvre par certains couples pour cesser de se quereller a été de se demander intérieurement au plus chaud d'une bagarre *Comment c'est de se quereller avec moi?* Faites-en l'essai la prochaine fois, et vous verrez bien. Entre-temps, isolez-vous et réfléchissez à la question suivante:

*Comment c'est d'être marié avec moi compte tenu de ma façon de me quereller?*

- Suis-je juste?
- Est-ce que je recherche la querelle quand:
  j'ai besoin de caresses?
  je me sens nul?
  je me sens seul?
  je me sens envahi?

Si c'est le cas, pouvez-vous exprimer ouvertement vos besoins? Vous pouvez sans doute transformer certains comportements à l'aide des exercices du chapitre 2.

Lorsque l'on s'efforce de comprendre et d'apporter des changements dans ce type de conflit conjugal, il vaut mieux se garder d'accorder trop d'importance au contenu d'une querelle. Nous savons tous qu'en ce qui concerne le conflit classique du tube de dentifrice, tout a été dit à propos de la façon dont il doit être pressé! Ça, c'est le contenu, la partie «tu as dit-j'ai dit, tu as fait-je n'ai pas fait» de la querelle. Ce qui compte est plutôt la façon dont les choses sont dites, la façon dont elles sont comprises, les sentiments qui ont présidé au choix des mots et ceux qui ont été éveillés par la discussion.

Que dit votre ton de voix, votre corps, votre visage? Au lieu de ne tenir compte que du sens premier de vos mots, soyez attentif à la façon dont vous transmettez votre message. Êtes-vous doux? Compréhensifs? Intellectuels? Durs? Instructifs? Parentaux? Accusateurs?

Êtes-vous un tyran? Une victime impuissante?

Qui parle le plus?

Qui commence?

Qui raisonne, pleure, supplie, blâme?

Quel style querelleur vous correspond le plus?

*Le professeur:* il prononce des discours, pontifie, trouve des explications rationnelles et des interprétations à tout.

*L'accusateur:* il pointe du doigt, dit souvent «tu», trouve des défauts, place son partenaire sur la défensive, cherche la bête noire, les failles, les petits délits.

*L'avocat:* il contre-interroge, exige qu'on réponde par un «oui» ou par un «non», s'efforce de «gagner» par la logique.

*Le sorcier:* il blesse par tous les moyens à sa disposition.

*Le juge:* il prononce des sentences, des déclarations, édicte des lois et des règlements, porte des jugements. (On trouve une variante du juge chez le *psychiatre,* qui interprète les mobiles et les desseins de son partenaire.)

*Le dictateur:* il se sert de la force, de la menace de violence ou de l'abandon pour faire taire, faire céder ou faire obéir son partenaire.

*La victime:* elle pleurniche, joue ce que les thérapeutes appellent le jeu du «un point pour toi», et se méfie des mobiles de l'autre, car elle est toujours sûre qu'on abuse d'elle et qu'on la trahit. Son message tacite est «Prends soin de moi».

*Le bagarreur malhonnête:* il contre-attaque (c'est une technique qui vise à distraire l'attention: vous parlez du fameux siège des cabinets quand votre partenaire s'escrime à vous parler du tube de dentifrice); il s'accroche aux mots mal choisis, aux erreurs de logique et à la mauvaise prononciation, mais il ne le fait pas tant pour marquer un point que pour souligner la stupidité de son partenaire. C'est un adepte du délit de fuite (technique injuste, où l'on fait une remarque épouvantable pour, aussitôt après, s'en aller ou refuser d'en parler); lance des détails intimes à la tête de son partenaire.

*Le bateleur:* il fait le clown, cajole, rit, sourit et plaisante mal à propos.

*Le conciliateur passif-résistant:* il cède. «Comme tu voudras, mon chéri.»

Efforcez-vous de ne pas appliquer ces caractéristiques à votre partenaire avant de les avoir appliquées à *vous-même,* et tant que vous n'aurez pas réfléchi à ce qui vous pousse à réagir de telle façon plutôt que de telle autre. Réfléchissez aussi à l'effet que cela fait de se quereller avec vous, compte tenu des styles que vous adoptez. Ensuite, essayez de déterminer la provenance de vos différents styles. Avez-vous été témoin de telles tactiques quand vous étiez enfant? Quelqu'un d'autre vous les a-t-il infligées? Enfin, songez aux conséquences que peut avoir votre façon de vous quereller. Voulez-vous vraiment infliger cela à un être cher?

Reportez-vous encore aux chapitres 2 et 3 pour transformer certains comportements dont l'existence nuit à votre relation de couple. Si vous réussissez, si vous commencez à vous quereller d'une façon plus productive, plus juste, vous développez votre confiance dans la relation, ce qui signifie que votre mariage devient de plus en plus un lieu où peut s'exprimer sincèrement et entièrement votre nature.

# 7

## *Les sentiments*

Suzanne et David avaient de nombreuses raisons de se plaindre. Lui détestait la manie qu'elle avait de laisser traîner ses chaussures dans les chambres. Elle ne supportait pas qu'il empile partout des revues, des livres et des dossiers. Elle n'appréciait pas la façon dont il la traitait à bord de leur voilier. Lui la trouvait trop critique et distante en public. Elle n'aimait pas avoir l'impression qu'il se débrouillait pour qu'elle disparaisse quand ses enfants à lui venaient lui rendre visite. Il ne supportait pas le désordre honteux de la cuisine. En réalité, rien de cela n'était vraiment important, car, comme pour beaucoup d'autres, l'énergie que Suzanne et David investissaient dans ces désaccords venait d'ailleurs, de leur vulnérabilité, de leur insécurité, de leur manque de confiance et d'amour-propre.

Personne n'aime souffrir. Notre culture a déclaré la guerre à la souffrance, et nous ne perdons pas de temps quand il s'agit de tendre la main vers notre arsenal d'analgésiques, autant que possible avant que la douleur ne s'installe. La douleur émotionnelle, plus trompeuse, n'en est pas moins similaire, et nos remèdes peuvent provoquer autant d'accoutumance que la morphine. Nous fuyons la douleur émotionnelle par la dénégation, la distraction, le fantasme, la projection, l'isolement, l'assuétude ou l'obsession de la nourriture, de l'exercice, et du mouvement de balancier entre l'assuétude et la guérison... la liste n'a pas de fin. Notre façon d'alléger nos souffrances émotionnelles a, bien entendu, un impact direct sur notre conjoint, qui dispose à son tour de moyens personnels de défense contre les vicissitudes de l'existence.

La douleur émotionnelle, la peur, la vulnérabilité, l'insécurité, la piètre idée que l'on se fait de soi-même et la façon dont chacun des membres du couple affronte ces émotions, tout cela détermine la confiance ou le manque de confiance qui règne au sein d'un couple. Et la force d'une relation réside dans la confiance qui y règne. La raison n'en est pas simple. La douleur émotionnelle, la peur, la vulnérabilité, la piètre estime de soi peuvent inciter à s'autoprotéger, et la plupart des tactiques d'autoprotection que nous employons pour nous garder de la douleur qu'infligent les relations amoureuses nous rendent moins aptes à aimer et à être aimés.

L'amour est peut-être la chose la plus importante et la plus complexe que la vie ait à offrir. Nous ne saurions vivre sans lui, et pourtant aucune autre force ne rend plus vulnérable. Sinon, quand l'amour nous fait souffrir pourquoi dirions-nous que nous avons «le cœur brisé»? L'ironie est que nous ne saurions vivre pleinement sans aimer et nous ne saurions aimer pleinement sans courir le risque de souffrir. Par conséquent, tous les efforts que nous déployons pour nous rendre invulnérables à la douleur émotionnelle nient la vie. En bref, l'autoprotection étouffe nos possibilités et le fait de vivre trop prudemment est une bonne façon de ne pas vivre.

Dans les relations de couple, le fait de se protéger contre la souffrance émotionnelle donne naissance à un cercle vicieux de douleur-protection-douleur. Voici comment: du lieu où je me retire à l'abri, je fais en sorte que ma partenaire se sente abandonnée et seule, ce qui lui occasionne une souffrance contre laquelle elle cherche à se défendre soit en attaquant, soit en se retirant à son tour, ce qui me fait souffrir encore plus et me pousse à me protéger. On voit facilement ce qui peut se produire si un tel cycle se perpétue pendant un certain temps.

Dans des situations semblables, plus fréquentes qu'on ne le croit, les deux partenaires sont plus en contact avec leur douleur et leur besoin d'y remédier qu'avec l'autre, de sorte qu'au fil du temps s'instaure une véritable guerre froide comprenant même son *no man's land*, ses problèmes épineux, ses boutons d'urgence rouges, ses éternels soupçons. Si cela dure longtemps, la confiance au sein du couple, la capacité de la relation à répondre au besoin d'appartenance de chacun, à reconnaître et à rehausser l'estime de soi des deux partenaires s'étiolent jusqu'à l'épuisement.

La forme la plus courante de ce cercle vicieux est le cycle de peur et de douleur alternées. Dans ce modèle, la personne qui souffre se distancie, conduisant ainsi l'autre personne à éprouver la peur atavique d'être abandonnée. En réaction à cette profonde terreur primitive, cette personne cherche à se rapprocher précisément quand elle devrait demeurer à distance pour permettre à l'autre de guérir ses blessures. Avant longtemps, nous nous engageons dans une énergique java telle qu'elle est décrite au chapitre 4, et les deux partenaires deviennent les prisonniers de rôles qu'ils n'avaient pas nécessairement souhaités mais dont ils ne savent comment se dégager.

## L'univers sens dessus dessous des couples perturbés

Dans les cas extrêmes, et au bout d'une très longue période, deux personnes enfermées dans un mode de communication aussi défensif vivent une relation de couple perturbée et destructrice. Elles ne peuvent pas s'en empêcher, car les forces qui les attirent et les unissent sont des forces troubles dont le fondement n'est pas l'amour, mais un vif besoin de compenser la piètre estime de soi que leur aura léguée leur famille d'origine. Elles n'apportent pas dans leur mariage deux personnalités saines; plutôt, elles unissent deux êtres indigents et dépourvus de maturité sur la base de leur faiblesse et de leur dépendance. Dans une relation de couple saine, la force est stimulée comme est encouragée chez chacun son aptitude à se maintenir toujours au plus haut niveau de lui-même. Au contraire, quand il y a dysfonction dans le mariage, la recherche de l'équilibre émotionnel, de l'indépendance, de l'épanouissement sera perçue à l'égale d'une menace. La raison pour laquelle j'appelle cela l'univers sens dessus dessous des couples perturbés est que, dans de telles unions, on n'arrive jamais à percevoir l'autre clairement: on le voit toujours déformé par nos propres réactions. Toute parole ou tout acte qui maintient le *statu quo*, soit la dépendance continuelle, finit par être jugé bon, normal et sain, tandis que les convictions, les sentiments et les actes qui encourageraient l'épanouissement, qui rehausseraient l'individualité ou qui affirmeraient la vie sont jugés mauvais et comme des malheurs qu'il faut faire disparaître ou éviter à tout prix. Il est étrange que dans ces couples la personne qui semble la plus satisfaite et épanouie soit en réalité celle qui souffre de dysfonction, tandis que celle des deux qui manifeste la plus grande douleur émotionnelle, la plus grande inquiétude ou dont le bouleversement est le plus grand est, en fait, celle qui est le plus en contact avec la réalité et le plus en possession de ses moyens, sur le moment du moins.

## LES SENTIMENTS: LA VOIE DE LA PASSION

J'ai reçu en thérapie un couple qui semblait si incompatible que je me suis souvent demandé pourquoi ces personnes s'étaient mariées et comment elles avaient réussi à survivre à vingt-cinq ans de vie commune. Lui, un dynamique directeur d'entreprise, voulait un foyer en ordre, en paix, et harmonieux, lorsqu'il ne travaillait pas. Elle, une mère de famille dont les enfants avaient quitté le nid, était impatiente de faire l'essai de ses ailes toutes neuves. Elle était en outre pleine du ressentiment accumulé au cours d'un quart de siècle d'une vie qui ne lui avait jamais appartenu.

Selon elle, elle n'avait jamais pu faire ce qu'elle aurait souhaité, tant socialement que professionnellement, et ses goûts en matière de décoration intérieure avaient été beaucoup brimés. Elle n'avait pu sur le moment trouver d'échappatoire à ces frustrations accumulées, mais une fois les enfants partis, elle perdit un peu la tête. Elle fonda un ensemble musical et, pour pourvoir son orchestre d'une salle de répétition, elle transforma le salon en boîte à chanson des années soixante en le décorant avec des accessoires absurdes et laids trouvés dans des bazars. Elle suspendit des miroirs sur toutes les surfaces disponibles. Elle se procura un énorme buisson où elle accrocha trente-sept chapeaux. Elle couvrit les meubles de foulards et de tissus colorés qui captaient le regard. Bien entendu, son mari explosa.

Puis vinrent les engagements dans les foyers du troisième âge, qui l'empêchaient d'être à la maison plusieurs soirs par semaine, précisément aux moments où son compagnon de vie aurait voulu «jouir de sa présence». Il la menaça de divorcer et, en réaction, sans toutefois jamais capituler, elle refusa certains engagements et contrôla ses extravagantes décorations pendant quelques semaines, mais recommença aussitôt que l'atmosphère fut redevenue normale. Cela continua jusqu'à ce que je sois capable d'amener cette femme à remplacer ses actes et ses comportements outranciers par l'expression plus directe, plus passionnée, plus puissante de son ressentiment, de sa tristesse et de sa frustration.

Ce que ce couple cherche encore à élucider est le paradoxe selon lequel pour créer un certain ordre et maintenir l'équilibre et l'épanouissement d'une relation, on doive prendre le risque d'exprimer clairement les émotions qui nous semblent précisément menacer notre couple et l'amour qui l'unit.

L'expression honnête des émotions est une façon de se donner, et le don de soi est un ingrédient essentiel de l'amour. Les sentiments, les émotions sont la voie de l'amour et de la passion. Quand nous dissimulons nos émotions véritables, même si nous pensons protéger ainsi notre partenaire ou notre couple, nous affaiblissons notre amour et nous nous pétrifions nous-mêmes. En outre, nous protégeons de la sorte inconsciemment la situation ou la dynamique qui nous avait fait de la peine au départ.

Face à leurs émotions, les gens commettent deux erreurs courantes, mais dévastatrices. La plus débilitante des deux est la tendance à matérialiser, à conceptualiser les sentiments, à agir comme si ce que l'on éprouvait au-dedans de soi était à la fois tangible et immuable, ou comme si le sentiment en question était un lieu, la destination où l'on aboutit, poussé par ce qui nous arrive. Pour la musicienne/décoratrice, le ressentiment était perçu comme une présence réelle en elle, et toute sa vie consistait à supporter cette présence ou à l'extérioriser par des voies détournées. Nous faisons de même avec l'amour, le bonheur, la tristesse, la colère — «J'ai mal.» «J'ai tant d'amour en moi.» — sans jamais nous arrêter à penser que nos émotions font partie du courant de la vie et de ses vibrations en nous. Elles fluctuent et se transforment avec le temps, de sorte que si nous concrétisons nos émotions, nous arrêtons le mouvement de la vie et empêchons une partie de nous-même d'en suivre le courant. La deuxième erreur commune que les gens commettent consiste à parler de leurs émotions comme si le fait d'«en parler» équivalait à les exprimer. Nous croyons depuis longtemps que les femmes sont plus à l'aise avec leurs émotions que les hommes. Bien que tout concorde à démontrer ce qui précède, je suis d'avis que les femmes parlent plus facilement de leurs émotions, mais sont à peine plus à l'aise que les hommes quand il s'agit de les exprimer ouvertement.

Être ce que l'on éprouve peut paraître risqué, quel que soit notre sexe, et manifester nos sentiments réels à une personne qu'on aime est un mouvement d'intimité et d'amour qui demande — et bizarrement suscite — la confiance.

*Comment c'est d'être marié avec moi compte tenu de ma façon d'exprimer mes sentiments?*

Ou bien, recourez à la variation mise au point par Carole et Michel dans le chapitre 6:

- *Comment ce serait d'être marié avec moi si j'extériorisais ma nature profonde?*
- *Comment ce serait d'être marié avec moi si je révélais mes sentiments réels?*
- *Comment c'est d'être marié avec moi compte tenu de la façon dont je réagis à la nature profonde et aux sentiments réels de mon partenaire?*

Demandez-vous comment vous exprimez votre amour, comment vous manifestez votre tristesse, votre détresse, votre colère, votre dépression.

Demandez-vous comment vous réagissez à la douleur émotionnelle. Que faites-vous quand votre partenaire vous blesse, ou quand vous vous sentez vulnérable, seul, vide, effrayé, etc.?

Demandez-vous:

- Est-ce que je boude?
- Est-ce que je punis?
- Est-ce que je me cache?
- Est-ce que j'attaque?
- Est-ce que je prends note de tout pour mieux me venger?

Et que faites-vous des sentiments de votre partenaire?

Une fois que vous aurez réfléchi à l'attitude que vous adoptez, demandez-vous si vous seriez capable d'accompagner votre douleur jusqu'où elle voudra vous entraîner.

La plupart des gens s'efforcent de détourner leur attention d'une souffrance émotionnelle. Mais si vous vous permettez de ressentir ce que vous avez à ressentir, et si vous laissez votre émotion vous entraîner loin au-dedans de vous-même, ce que vous découvrirez vous étonnera. C'est un voyage que nous cherchons à éviter, car nous craignons de ne pas pouvoir supporter l'intensité de la douleur, ou d'être avalés par elle, ou d'être victimes d'une «dépression nerveuse». Nous refusons de voir que la douleur est un signe de vie, et qu'en faisant l'expérience de la douleur, nous sommes confrontés plus honnêtement et plus profondément à notre être réel.

## DENIS ET JEANNE — TROISIÈME PARTIE

L'aventure de Jeanne avec Richard, l'instructeur de tennis, dura moins d'un mois au cours duquel ils ne firent l'amour que trois fois. Ces trois expériences avaient été pour Jeanne si mécaniques et si chargées de culpabilité qu'elles n'en avaient guère valu la peine. Richard était de toute évidence un coureur de jupons qui n'en était pas à ses premières armes et qui n'avait pas fini de cavaler. Mais les conséquences de cette aventure, en particulier l'indifférence apparente de Denis, durèrent beaucoup plus longtemps. Leurs disputes augmentèrent en intensité à mesure qu'eux sombraient de plus en plus dans la mesquinerie et les à-côtés. Il était devenu difficile de savoir lequel des deux allumait le plus souvent la mèche, puisque Jeanne accumulait maintenant presque autant de ressentiment que Denis.

Pour obéir à ce qu'il appelait son besoin et son droit au rêve, Denis passa une audition et fut engagé dans une boîte de nuit locale où ne se produisaient que des stars de pacotille et l'occasionnelle relève de talent. Peu à peu, il se mit à passer tout son temps dans la boîte, même lorsqu'il n'y travaillait pas. Il se gargarisait de la supposée admiration des habitués, pour la plupart des femmes seules ne sachant pas mieux occuper leur samedi soir. Il affirma n'avoir jamais couché avec aucune de ces «copines», mais il avoua s'être à l'occasion livré avec elles dans sa voiture à des caresses et à des baisers interminables. Jeanne déclara que les choses allaient changer, ou bien elle demanderait une séparation de fait. À son grand soulagement, devant son ultimatum, Denis accepta de se faire aider.

Lorsqu'ils réfléchirent à nouveau à la question *Comment c'est d'être marié avec moi?*, leur hostilité, leurs blessures et l'écart entre eux étaient si intenses que La Question risquait de demeurer encore aussi insoluble aujourd'hui, et en dépit de l'intervention de professionnels, que naguère, quand ils s'étaient efforcés d'y répondre sans l'aide de qui que ce soit. Jeanne vit qu'elle était maintenant la personne qui fonce, tout en se rendant compte qu'une partie du problème venait du fait que Denis était vite et radicalement passé de celui qui fonce à celui qui se distancie. Il admit ce changement, et reconnut qu'il pouvait s'agir, en effet, d'une sorte de dérogation à leur contrat.

La discussion passa à la façon dont ces deux sujets affrontaient leurs sentiments, et tandis que Jeanne parlait du besoin qu'elle éprouvait de garder sa tendresse ou sa tristesse sous contrôle, Denis eut l'air de vouloir exploser. D'une certaine façon, c'est ce qu'il fit: «J'ai renoncé à tout, pour toi! sanglota-t-il. À tout!»

«Qui te l'a demandé? répliqua Jeanne. Ce n'est pas moi qui ne pouvais pas me passer de ce mariage!»

Plus tard, ils dirent tous les deux que ce moment leur avait semblé marquer le début de la fin, alors qu'en réalité c'était un recommencement.

# 8

## *Les attentes*

Certains mariages ne peuvent ni ne devraient être sauvés. La confiance y a parfois été érodée jusqu'au point de non-retour. Mais il y a certes plus de mariages viables que les statistiques de divorce ne le laissent supposer.

Ces statistiques en disent long sur les attentes que nous entretenons à propos du mariage et sur ce qui nous arrive quand ces attentes sont déçues, comme c'est presque toujours le cas. Notre culture avec sa publicité, ses films romantiques, ses comédies de situation et ses romans, nous habitue à un idéal auquel peu de couples peuvent atteindre, tout au moins à long terme. Comme le découvrent la plupart des gens, le feu d'artifice d'amour romantique des débuts de la relation s'affaiblit au cours des semaines interminables du «jusqu'à-ce-que-la-mort-nous-sépare». Et quand cet éclat disparaît, nous nous demandons, en regardant notre partenaire, qui est cette personne et où nous sommes-nous trompés?

La logique même nous dit que le romanesque ne saurait durer sans qu'on l'y aide, en tout cas, qu'il est impossible de préserver l'intensité des premiers envols. Cette intensité nous manque quand elle diminue. Mais nous devons comprendre que c'est précisément l'affaiblissement de l'amour romantique qui permet à l'amour réel de durer. Nous savons aussi qu'en acquérant de la maturité, l'amour approfondit l'intimité du couple parce que celui-ci fait l'expérience d'une réelle amitié, d'une connaissance partagée et d'une association qui favorise la collaboration et l'épanouissement de l'indépendance. Surtout, l'intimité qui se développe dans un couple est ce qui permet à chacun de se sentir suffisamment en sécurité pour dévoiler de nouveaux et de profonds aspects de sa personnalité. Bien sûr, ce n'est rien de cela qu'on trouve dans les cartes de vœux et les chansons d'amour, mais ces choses-là vont plus loin que les cœurs de papier et les fleurs quand on veut faire durer un mariage.

La plupart des gens connaissent une grande désillusion lorsque leur relation s'éloigne de leur idéal de rêve et qu'ils affrontent la dure réalité du football à la télévision, des enfants, et du dos tourné au lit. Leur première réaction est de blâmer leur conjoint plutôt que leurs attentes qui, pour certains, sont plus précieuses que la personne avec laquelle ils ont choisi de vivre. Il y aurait sans doute la moitié moins de divorces si plus de gens admettaient qu'ils ont été trahis par leurs attentes et les idées qu'ils se faisaient du mariage et de l'amour, plutôt que par leur conjoint. Mais nos attentes et nos fantasmes sont plus coriaces que notre mariage, ce qui conduit certaines personnes à tenter plusieurs fois la même expérience de l'union «ratée», avec seulement quelques changements mineurs dans l'intrigue et dans les personnages.

Ce sont nos premières expériences familiales qui permettent à nos attentes et à nos illusions de prendre forme. Pendant la période de notre vie où nous sommes le plus dépendants et le plus impressionnables, nous observons nos parents. Leur attitude grave profondément en nous l'image de ce que doivent être ou ne pas être un mari et une épouse, et de ce qui est possible entre conjoints. J'ai eu l'occasion de travailler avec un homme dont la mère avait tant reproché à son mari sa nature emportée et agressive qu'il avait assaini son caractère au point de le laver de toute autorité masculine. Naturellement, avec le temps cela devint une cause de confusion et de souffrance pour sa femme.

Comme précédemment, ne perdez pas de vue les exercices de la première partie tandis que vous réfléchissez aux questions qui suivent et que vous vous efforcez d'isoler deux ou trois comportements dont la transformation contribuerait au bien-être de votre couple.

- *Comment c'est d'être marié avec moi compte tenu de ce que j'attends de l'amour?*
- *Comment c'est d'être marié avec moi compte tenu de la sorte de conjoint que je m'attends à être?*
- *Comment c'est d'être marié avec moi compte tenu de ce que j'attends de mon partenaire?*

Lorsque les attentes d'un des membres du couple constituent un problème réel, la difficulté consiste à se concentrer sur une zone spécifique de cette attente. J'attends de mon mari qu'il rencontre tous mes besoins de présence. Je m'attends à ce que ma femme me prodigue des soins affectueux constants. Il est utile, en général, que deux personnes identifient leurs attentes avec précision et discutent ouvertement des contextes familiaux ou des expériences passées qui leur ont donné naissance.

## ·III·

# *Cœurs et âmes*

## *Comment tirer le meilleur parti possible de l'amour grâce à La Question*

Les deux chapitres de cette partie abordent des questions et explorent des idéaux de vie commune plus profonds et plus philosophiques.

Exception faite de quelques-unes, deux personnes équilibrées peuvent faire «fonctionner» leur couple si toutes deux sont disposées à mettre en œuvre les efforts décrits aux chapitres précédents. Mais un mariage qui se contente de «fonctionner» ne vous suffit sans doute pas. Si c'est le cas, les chapitres qui suivent sauront peut-être répondre à des besoins plus profondément ancrés en vous.

# 9

## *Amour romantique et passion sexuelle*

### *L'union*

Il semble que la famille naisse avec le mariage, c'est-à-dire au moment de l'engagement du nouveau couple. Mais comment diable faisons-nous pour nous trouver l'un l'autre?

Pourquoi vous deux parmi tant d'autres? Tant les couples heureux que les couples malheureux sont incapables de répondre à cette question, avec cette différence que les couples heureux se la posent avec émerveillement et les couples malheureux, avec stupéfaction.

Selon certaines hypothèses, un détail chez l'autre personne — sa couleur de peau, son faciès, son expression — nous rappelle quelqu'un d'important de notre passé, en général notre mère. Ce détail agit comme un écran qui nous renvoie l'image d'une personne que nous pensons apte à nous prodiguer des soins affectueux, à nous protéger et à nous compléter. C'est sans doute là une des raisons qui font que la plupart des mariages, tout au moins des premiers mariages, ont un moment de vérité au cours duquel cet idéal s'affadit et où la vie rosée des fréquentations fait place à la vraie vie — en d'autres termes, le moment où émergent les mauvais côtés que l'on avait dissimulés jusque-là. Quoi qu'il en soit, il arrive un matin où chaque membre du couple regarde l'autre et lui dise: «Mais qui es-tu?»

Selon une autre hypothèse, nous choisissons quelqu'un qui assume un rôle familial complémentaire de façon à perpétuer le drame familial de notre enfance. Le bébé de la famille tend à épouser un superparent; le héros trouve une jeune fille en détresse. Selon une hypothèse plus spirituelle, il se pourrait que nous ressentions qu'avec telle ou telle personne la fusion tant souhaitée soit possible, l'unité que nous recherchons depuis la naissance ou sans doute même avant.

Quoi qu'il en soit, l'union a deux fonctions: elle établit les fondements d'une nouvelle famille nucléaire, et elle aide l'homme et la femme à se séparer de leur propre famille. Il existe plusieurs raisons qui poussent les gens à se marier, sans doute autant qu'il y a de couples, mais les plus courantes sont les suivantes:

Pour s'accrocher à quelqu'un qu'on aime.

Pour vivre auprès d'une personne dont on ne peut pas se passer.

Pour avoir des enfants.

Pour se conformer aux modèles reçus de notre famille et de la société dans laquelle nous vivons.

Pour faire ce que la vie attend de nous; pour ressembler à nos pairs; en d'autres termes, se marier à l'âge où l'on est censé le faire ressemble beaucoup à ne pas doubler une année scolaire.

Pour ne pas être seul.

Pour savoir où aller en quittant la famille qui nous a élevé.

Pour des motifs économiques, car il n'en coûte pas plus cher de faire vivre deux personnes qu'une seule, surtout si les deux travaillent.

Pour avoir une vie sexuelle sans contraintes.

Par amour.

Pour ne faire qu'un avec l'autre.

Pour partager avec quelqu'un la grande aventure de la vie.

*    *    *

Quels que soient les mobiles profonds qui nous attirent l'un vers l'autre, une chose est claire. Plus vous êtes équilibré, moins vous chercherez à compenser, par votre choix de partenaire, les lacunes de votre personnalité ou l'idée que vous vous faites du bonheur, et plus vous courez la chance de fonder votre mariage sur ce qui rehausse la qualité de la vie. Les chercheurs qui ont étudié les mariages «réussis» ont conclu que les couples heureux ont certaines choses en commun. D'abord, disent-il (et selon moi, le plus important), les deux individus sont équilibrés et mûrs.

Plusieurs d'entre nous, sans doute la plupart d'entre nous, perdent de vue que l'on ne saurait être heureux marié si l'on n'est pas heureux avec soi-même en tant que personne. Autrement dit, si vous voulez un bon mariage, travaillez d'abord sur vous-même. Cela est vrai, que vous vous apprêtiez à vous établir en couple ou que vous vous efforciez de sauver ou d'améliorer une relation qui a déjà plusieurs heures de vol.

Deuxièmement, les couples heureux connaissent un amalgame des cinq types d'amour décrits dans ce chapitre et dans le suivant: l'amour romantique, la passion sexuelle, le compagnonnage, l'altruisme et l'amour spirituel.

Ensuite, les couples heureux s'apprécient. C'est évident? Vous seriez surpris de savoir combien de couples s'aiment mais ne s'apprécient pas tellement. La leçon à tirer de cela est que, si vous avez à choisir entre l'amour et l'amitié, choisissez l'amitié: elle dure plus longtemps et vous nourrira davantage. Les mariages édifiés sur l'amour seul sont ténus; ils ne résistent pas autant au stress que ceux qui ont le respect et l'amitié pour fondement.

Enfin, les couples heureux partagent de nombreux aspects de leur vie. En d'autres termes, ils ont beaucoup de choses en commun, en dépit de la croyance qui veut que les contraires s'attirent. Certains des éléments importants qu'ils partagent sont les origines familiales, les valeurs, les intérêts, les accomplissements et les aspirations dans les domaines intellectuel, scolaire, matériel et professionnel. Surtout, ils ont une façon de communiquer entre eux qui les fait se fier l'un à l'autre quand il s'agit de donner aux mêmes mots le même sens.

## QU'EST-CE QUE L'AMOUR?

*Le Chemin le moins fréquenté*, de M. Scott Peck, le dit bien, mais Willie Nelson l'a dit plus tôt et mieux encore dans sa chanson *Angel Flying Too Close to the Ground*. Et si j'ai appris quelque chose en vingt ans de psychothérapie, c'est bien que «... l'amour est le meilleur des remèdes».

Je sais cependant aussi que le mot amour n'a pas le même sens pour tout le monde. L'«amour» correspond à une variété infinie d'émotions et d'états d'âme. Au cours de mes consultations, je l'ai entendu prononcer pour justifier toutes sortes de comportements, sains et malsains, raisonnables et stupides, vivifiants ou destructeurs. La plupart du temps, les gens se servent de ce mot pour expliquer aux autres, ou à eux-mêmes, les raisons qui les poussent à faire ce qu'ils ne devraient pas faire, ou à ne pas faire ce qu'ils devraient faire, dans leurs relations avec leur conjoint ou leurs enfants.

Selon moi, il existe un amour superficiel, un faux amour, un amour trompeur, et aussi un amour réel et profond. Le faux amour possède et domine, tandis que l'amour réel encourage l'individualité et l'indépendance. Le faux amour fait dire: «Ne change pas, car si tu changeais, qu'adviendrait-il de moi?» Le véritable amour fait dire: «Sois tout ce que tu peux être; maintiens-toi au degré le plus élevé de toi-même.»

## Les cinq formes de l'amour

Comme nous le disions précédemment, il existe cinq formes d'amour, et ce que vous donnez de chacune à votre relation de couple a beaucoup à voir avec l'état actuel de votre mariage.

Commençons, bien entendu, par l'*amour romantique*, qui est en général la rampe de lancement des relations amoureuses et qui débouche plus ou moins rapidement sur la *passion sexuelle*. Très tôt au cours des fréquentations, ces deux types d'amour s'amalgament au point de ne faire qu'un, c'est pourquoi on tend à les confondre. De nombreux couples se sont lancés dans la vie à deux au plus chaud de leur attirance sexuelle et se sont ensuite aperçus qu'ils n'avaient pas grand-chose à s'offrir. Ces couples connaissent rarement les trois autres formes d'amour, soit le compagnonnage, l'altruisme et l'amour spirituel. C'est ici, dans ces trois dernières formes, que la communauté des intérêts et la complémentarité des individus entrent en jeu, et qu'une intimité mûre et authentique peut naître.

Le compagnonnage, comme son nom le dit, décrit la dynamique présente lorsque de très bons amis tombent amoureux l'un de l'autre: c'est l'origine du cliché selon lequel on fait mieux d'épouser un ami (ou une amie) d'enfance. Le compagnonnage est au seuil de l'altruisme, forme d'amour qui nous fait respecter l'autre autant que soi-même. L'altruisme est une condition essentielle au développement de l'amour spirituel, le plus élevé et le plus intime de tous. Beaucoup de personnes (et je suis du nombre) croient que la vocation première de toute relation, comme le seul but véritable de l'amour — et de la vie — est de favoriser l'épanouissement spirituel.

## L'AMOUR ROMANTIQUE

Au début d'une relation amoureuse, l'amour que nous éprouvons l'un pour l'autre nous émerveille. Nous sommes convaincus que cet homme ou cette femme, parmi des millions d'autres, était destiné à nous compléter. C'est de cela que sont faites les chansons d'amour, c'est la force mystérieuse que les poètes se sont efforcés de comprendre et de dire depuis des siècles.

Tout notre être participe, et voilà que nous pensons avec notre cœur tandis que notre esprit s'étourdit. Nous conduisons sur des kilomètres pour quelques instants de bonheur volés. Nous ne sommes qu'inquiétude et angoisse si la personne que nous aimons semble nous laisser entendre que ses sentiments ne sont pas absolument identiques aux nôtres. Nous ne vivons que pour ses lettres et ses coups de fil. Nous nous efforçons d'être à notre mieux. Nous sommes intoxiqués. En un mot, nous avons perdu la tête.

Nous idéalisons l'autre au point de ne pas être capable de voir cette personne sous son vrai jour. Et nous ne supportons pas facilement l'intrusion d'une réalité qui ne correspondrait pas à notre illusion.

De toute évidence, certains états psychologiques et émotionnels liés à l'amour romantique ne sont pas dignes de confiance. C'est une force primitive. Par conséquent, elle doit évoluer et mûrir, sans quoi elle pourrait devenir dangereuse. L'amour romantique qui n'a pas évolué transforme l'amour en quelque chose d'anti-amoureux et peut créer des situations où une personne manipule l'autre pour se sentir comblée, pour rehausser son amour-propre ou trouver son identité. Dans ces cas-là, l'amour est un outil de domination et de pouvoir, et les forces en œuvre ici ne sont pas des forces amoureuses. Pour que l'amour survive, l'amour romantique doit évoluer vers quelque chose de plus élevé que le romanesque. Mais le romanesque doit aussi survivre à cette transformation. S'il s'évapore complètement, il ne reste que l'amitié. Et bien que l'amitié soit un sentiment élevé, pour qu'un mariage aille au bout de ses possibilités, un peu de l'étincelle originelle doit encore pouvoir se manifester dans l'intimité et le compagnonnage qui prennent forme.

*Comment c'est d'être marié avec moi pour ce qui a trait à l'amour romantique?*

- Qui étais-je au début, et en quoi ai-je changé?
- Suis-je capable de tolérer les changements chez mon partenaire?
- Suis-je capable de tolérer les différences entre moi et mon partenaire?
- Que fais-je pour garder vivante l'étincelle amoureuse?
- Que puis-je faire pour réveiller un peu le romanesque entre nous?
- Est-ce que je vois encore parfois en toi ce que j'y voyais au début?
- Suis-je encore parfois la personne de laquelle tu es tombé amoureux?

Il serait sans doute bon que vous vous laissiez guider par ces questions lors d'une conversation concernant votre relation de couple. Les couples trouvent parfois utile de se remémorer leurs premiers moments amoureux, de se rappeler qui ressentait quoi et quand, et d'essayer de déterminer ce que sont devenus ces sentiments.

## LA PASSION SEXUELLE

La passion sexuelle fait partie de l'amour romantique, et elle englobe toutes les formes d'affection sensuelle et d'intimité physique, pas uniquement les actes sexuels proprement dits. L'intimité physique et sexuelle sont à leur maximum pendant la phase romantique d'une relation; quand le romanesque tiédit, la passion sexuelle se calme. Il existait naguère une image qui avait plus de force avant la révolution sexuelle, quand le mariage était souvent une façon d'avoir une vie sexuelle sans contraintes. On disait que si vous mettiez une pièce de monnaie dans un pot chaque fois que vous faisiez l'amour pendant la première année de votre mariage, puis que vous retiriez une pièce de monnaie du pot chaque fois que vous faisiez l'amour pendant le reste de votre vie commune, le pot ne serait jamais vide. Pour la plupart des couples, le temps et la quotidienneté étouffent les braises du sexe. Mais, bien entendu, il n'est pas nécessaire qu'il en soit ainsi. Les couples heureux nourrissent et préservent leur vie sexuelle avec le même soin que la plupart d'entre nous réservent à leur compte en banque.

Notre rapport à la sexualité est sans doute l'expression de soi la plus révélatrice de ce que nous sommes et de ce que nous ressentons envers l'autre. C'est ici que se concentrent tous les complexes irrésolus liés à notre identité et à notre amour-propre. C'est ici que les sentiments refoulés trouvent à s'épancher, qu'un couple peut exprimer sa vraie nature avec le plus de constance et de profondeur.

*   *   *

*Comment c'est d'être marié avec moi pour ce qui est de la sexualité?*
- En quoi suis-je différent du début de notre relation?
- Que pourrais-je faire pour attiser la passion entre nous?
- Est-ce que j'exprime ouvertement mes besoins sexuels? Sinon, qu'est-ce qui me retient? (Puis-je parler avec mon partenaire de cette inhibition?)
- Mon partenaire sait-il vraiment quelle est ma sexualité? Sinon, pourquoi?
  Ai-je honte?
  Ai-je peur d'être rejeté en raison de ma sexualité?

Réfléchissez à ces questions jusqu'à ce que, encore une fois, vous puissiez isoler quelques comportements qui gagneraient à être transformés; ensuite, efforcez-vous de faire ces quelques changements pour améliorer votre vie de couple.

Si vous constatez que vous et votre partenaire êtes incapables de parler ouvertement de ces sujets et que vous ne puissiez réagir de façon satisfaisante, sans doute y a-t-il un problème plus profond. Vous devriez alors consulter un professionnel qui vous aidera à résoudre vos difficultés. L'ironie de la chose est qu'une vie sexuelle idéale ne donne pas forcément naissance à un couple parfait, tandis qu'une vie sexuelle inexistante ou débilitante est souvent l'expression de problèmes plus profonds qui doivent être mis au jour et résolus.

# 10

## Compagnonnage, altruisme et amour spirituel

### Le compagnonnage

À mesure que la relation évolue, l'intimité, la familiarité et même l'amitié prennent peu à peu la place du romanesque. Vous découvrez que vous vous appréciez l'un l'autre, que vous aimez faire les mêmes choses ou parler de n'importe quoi simplement parce que vous ou votre partenaire s'y intéresse. Vous vous sentez aussi de plus en plus à l'aise, et vous commencez à apprécier l'«unicité» de votre conjoint, c'est-à-dire ce qui en fait une personne différente de vous. Le temps passé ensemble s'écoule vite. Vous aimez le silence partagé autant que les activités communes. Vous essayez de comprendre les pensées de l'autre, car cette connaissance est importante à vos yeux, non pas pour vous protéger ou pour dominer, mais parce que la différence de l'autre fait partie de votre réalité. Vous recherchez sa compagnie, car cette présence rehausse votre sentiment d'appartenance à la vie et vous aide à vous maintenir au degré le plus élevé de vous-même.

L'amour romantique qui n'évolue pas vers le compagnonnage peut devenir un outil d'exploitation. La forme la plus commune de cette exploitation est la transformation de l'autre en objet, en moyen d'atteindre un but. Par le fait même, on le «tient pour acquis». Ce pourrait aussi être décrit comme l'impossibilité, pour citer Martin Buber, de «... percevoir l'autre en tant qu'être entier...»

Une forme plus subtile, mais aussi plus courante, d'exploitation, est le défaut d'ÊTRE. De nombreuses personnes traversent la vie en feignant d'exister, ou, si l'on recourt une fois de plus au concept de Buber, en «ayant l'air» d'être au lieu d'exister vraiment. J'ai entendu une fois, au cours de ma pratique, une femme supplier son mari de rentrer à la maison et lui promettre qu'elle serait tout ce qu'il voulait qu'elle soit. «C'est justement ça, le problème, répondit-il. Je veux être aimé par une vraie personne. Pas par quelqu'un qui joue toujours un rôle.»

«Céder aux faux-semblants, écrivit Buber, est la pire lâcheté de l'homme; y résister, son plus grand courage.»

Cela, il me semble, dit tout.

Vous l'ignorez sans doute, mais quand vous ne traitez pas votre partenaire comme une personne à part entière ayant des points de vue valables qui lui sont propres, des pensées, des opinions, des convictions ou des sentiments qui lui appartiennent, vous l'exploitez.

En fait, vous n'exploitez pas seulement votre partenaire, vous vous exploitez également.

L'exploitation fige l'un des partenaires dans le rôle de la personne qui reçoit, et l'autre, dans le rôle de la victime. (Attention à ne pas étiqueter ces rôles de «bon» ou de «mauvais»; la victime pourrait bien être une personne incapable de survivre à une relation si elle n'y occupe pas une position d'infériorité; la personne qui reçoit pourrait être quelqu'un d'hyper-responsable, qui aimerait bien pouvoir prendre un peu de recul et abandonner certaines responsabilités, mais qui ne sait pas comment s'y prendre.)

D'autre part, la justice est servie et la relation est renforcée, quand deux personnes communiquent par le cœur et s'ouvrent sincèrement l'une à l'autre. C'est là l'essence de l'amour.

Bien qu'il soit facile de regretter les braises de l'amour romantique et de la passion sexuelle, vous devez vous rappeler que le compagnonnage offre une solidarité affectueuse qui vous procure force et pouvoir en temps de stress, et qui, en d'autres circonstances, vous fait traverser la vie comme des visiteurs émerveillés parcourent un musée. Ceux qui sont toujours ouverts à la vraie nature de l'autre sont en mesure de préserver le romanesque de leur relation.

*Comment c'est d'être marié avec moi en tant que compagnon?*
- Êtes-vous présent? Êtes-vous vous-même? Ou êtes-vous figé dans un rôle spécifique, par peur ou par confusion?

- Mordez-vous dans la vie ou restez-vous à l'écart?
- Pourriez-vous être quelqu'un de plus agréable, un meilleur ami?

Explorez vos réponses en vous aidant de l'exercice du chapitre 2 jusqu'à ce que vous ayez trouvé deux ou trois choses que vous pourriez faire ou cesser de faire pour enrichir l'aspect compagnonnage de votre couple.

## L'altruisme

À mesure qu'une relation évolue, quelque chose de magique survient. À force de concessions mutuelles, un couple donne vie au lien qui les unit. Il donne naissance à une entité autonome que d'autres auteurs ont appelée «l'enfant spirituel», ou «la relation», mais que je préfère désigner par le pronom NOUS, dont la somme est supérieure à ses parties, soit moi et toi, toi et moi. Cette troisième entité lie les deux autres et fournit un terrain commun tant à la relation qu'aux identités et aux efforts individuels qui la composent. À mesure que ce NOUS croît et se renforce, il donne un sens et rassure les deux individus qui le composent.

Les concessions mutuelles d'un couple permettront à la relation de croître et de s'épanouir ou bien de s'étioler et puis de mourir. Pour plusieurs, la vulnérabilité de la relation devient sa plus grande force. La survie du couple est sans cesse en question, mais pas celle des individus qui en font partie.

Contrairement à ce que l'on croit quand on l'éprouve, la plupart d'entre nous sont capables de survivre à la mort d'une relation, quelle qu'ait été son importance. Et il y a des moments où un couple doit faire face à cette vérité: les conjoints ont progressé ensemble aussi loin qu'ils le pouvaient. Toutefois, la plupart d'entre nous craignent la mort de notre couple aussi intensément qu'un enfant qui entend ses parents se quereller craint la mort de sa famille. Cela conduit le conjoint qui vit cette peur à faire plus qu'il ne devrait pour garder la relation vivante, même si c'est là une tâche impossible. Car, par définition, une relation de couple exige une participation équivalente des deux personnes qui la composent.

## VOTRE QUOTE-PART: 50 POUR 100

Si la relation ne peut survivre sans que l'un des partenaires soit magnanime à l'excès — ou soit hyperactif — la relation mourra tôt ou tard. À ce moment-là, au lieu d'un NOUS composé des deux partenaires, il n'existera plus qu'un JE pris de colère, exploité, hyperactif. Ce partenaire hyperactif éprouve habituellement beaucoup de ressentiment, d'amertume, de méfiance. Sentant qu'on lui doit quelque chose, il finit par demander sa juste rétribution et, pour finir, constate que la dette est trop considérable pour être jamais acquittée. Il s'agit aussi, dans un certain sens, d'une dette illégitime puisque au départ la contribution de la personne hyperactive était volontaire, puis encouragée par sa propre peur de l'abandon, de la solitude, de l'échec.

Voici plus ou moins comment les choses se passent. Pour sauver sa relation, Alice (poussée par la peur) donne trop, tandis qu'Horace, qui n'attend plus d'épanouissement de la relation (ou dont le lien avec sa mère semble lui avoir inculqué la certitude d'avoir tous les droits), continue de tout prendre ce qu'Alice veut lui donner. L'inévitable se produit cependant bientôt: Alice réclame son dû, et s'aperçoit alors qu'il ne reste rien de la relation. Le fait d'avoir été hyperactive l'a conduite à donner d'elle-même ce qu'elle et son mari auraient pu (ou dû) apporter à la relation. Horace rejette toute idée de dette, car, après tout, c'est la peur d'Alice — et non pas ses besoins à lui — qui a poussé sa femme à trop donner.

Si vous êtes une personne hyperactive, efforcez-vous de comprendre que la plupart du temps ce n'est pas votre partenaire mais vos propres besoins et vos propres peurs qui vous poussent à trop donner. La solution est simple: ayez assez de courage pour ne pas donner plus que votre quote-part.

Pourquoi faut-il du courage? Parce qu'avec le temps, vous signerez l'arrêt de mort de votre relation si votre partenaire n'est pas prêt, capable ou disposé à donner sa part. Pour certaines personnes, en arriver à ne donner que 50 p. 100 constituera un changement énorme. Votre partenaire aura sans doute appris avec le temps que, puisque vous donnez 75 p. 100, il n'a plus qu'un solde de 25 p. 100 à contribuer pour garder vivante votre relation de couple. Cela peut paraître injuste, jusqu'à ce que vous reconnaissiez que les 25 p. 100 de plus que vous contribuez visent à apaiser votre peur de voir mourir la relation.

En d'autres termes, vous ne pouvez pas tout avoir. Soit que vous vous montriez assez courageux pour limiter votre contribution à 50 p. 100 et que vous laissiez votre relation dépérir jusqu'à ce que votre partenaire se décide à faire sa juste part, soit que vous rassembliez assez de courage pour reconnaître qu'en donnant plus que votre quote-part à la relation, c'est pour vous que vous le faites, et non pas pour votre partenaire.

Le compagnonnage et le NOUS issu des concessions mutuelles donnent à leur tour naissance à une préoccupation altruiste pour le bien-être de votre partenaire, un respect qui approche celui que vous avez pour vous-même. Le concept de Buber concernant le relation JE-TOI traduit bien cette forme d'amour.

Quand, lorsque nous aimons une personne, cet amour se compose de considération altruiste, nous communiquons à un niveau beaucoup plus profond et beaucoup plus exaltant que dans le romanesque, car cet amour amène l'autre personne, et par conséquent soi-même, à un niveau de conscience plus élevé. N'est-il pas ironique de constater qu'en nous préoccupant de l'autre de façon altruiste, nous finissons par atteindre enfin ce que nous voulions de toutes nos forces, et que, par manque d'assurance et par égoïsme, nous n'arrivions pas à obtenir.

Les couples qui parviennent à ce stade de l'amour ont réussi à préserver le romanesque des débuts, ainsi que la passion sexuelle qui les attire l'un vers l'autre et qui leur permet d'exprimer intensément toute la dimension de leur amour. Ils ont aussi développé une façon de communiquer en amis et en individus avec équité et équilibre, ce qui n'est pas possible si nous n'accordons pas au bien-être de notre partenaire la même importance que nous vouons à notre bien-être personnel.

*Comment c'est d'être marié avec moi compte tenu de la considération que j'ai pour mon partenaire?*

- Ses besoins sont-ils à mes yeux aussi importants que les miens?
- Son plaisir, son épanouissement, son bien-être comptent-ils autant que les miens?

Méditez sur vos réponses à ces questions jusqu'à ce que vous découvriez quelques petits détails qui vous permettraient d'exprimer votre altruisme et votre considération pour votre partenaire, montrant par là que vous respectez son individualité et ses besoins au même titre que les vôtres.

## LA JUSTICE ET L'ÉQUILIBRE

Pour la plupart, nous aspirons à la justice, au respect de notre part du contrat, car nous connaissons la sagesse de la Règle d'or, même quand nous ne sommes pas capables de la mettre en pratique. Parfois, nous nous sentons mal à l'aise, coupables ou même angoissés à l'idée que nous ayons pu être injustes. Nous préférons penser que nous nous soucions d'équité, que nous sommes justes dans nos pensées et dans nos actes. C'est particulièrement vrai dans nos rapports avec notre mari, notre épouse, nos parents, nos frères et sœurs, nos enfants, les membres de notre famille et nos amis. L'expérience nous a démontré qu'une relation enrichissante ne saurait exister sans justice et équilibre, qui sont des éléments clés du compagnonnage et de l'altruisme.

Dans les relations intimes toutefois, chacun des partenaires s'arroge des droits à certains moments. Quand nous constatons clairement que nous n'avons pas été juste envers une personne qui méritait le meilleur côté de nous-même et non pas le pire, nous nous efforçons de rétablir l'équilibre, non seulement parce que nous estimons le devoir à notre partenaire, mais parce que nous estimons le devoir à notre couple. Autrement dit, nous le devons à nous-même, autant qu'à notre partenaire, car nous faisons partie du couple, nous faisons partie du NOUS.

Les gens ressentent cela et se comportent ainsi tant que leur sensibilité n'a pas été endommagée par la dépression, le narcissisme, la codépendance, la maladie mentale, l'assuétude aux drogues ou à l'alcool. Au mieux, nous agissons de façon à maintenir la justice et l'équilibre; au pire, nous nous efforçons de justifier l'injustice commise en la rationalisant, mais pour que cette rationalisation soit crédible, elle doit contenir une part de vérité et de justification.

Lorsque nous nous arrêtons à analyser notre réaction à la façon qu'ont de nous traiter les êtres qui comptent pour nous,

nous constatons que, bien que nous ne réagissions pas directement aux manifestations de justice ou d'injustice qui affectent notre relation, nous en ressentons et nous en notons les conséquences morales, de sorte qu'avec le temps, la relation en subit des contrecoups. À force de s'accumuler, ces transactions morales ont un impact à long terme sur la confiance qui règne au sein du couple. Cette confiance mesure le degré d'altruisme auquel sont arrivés les partenaires.

Le NOUS que créent deux personnes par leurs concessions mutuelles prendra un soin affectueux et aidera ses deux créateurs, tant et aussi longtemps que ceux-ci prendront un soin affectueux l'un de l'autre et de leur relation, et qu'ils aideront leur couple autant qu'ils s'entraideront. À défaut de ça, l'entité NOUS pourrait se retourner contre ses créateurs comme la créature de Frankenstein se retourne contre le bon docteur. Bien entendu, l'abus et la négligence peuvent affaiblir et même tuer le NOUS. Comme nous le disions, les couples trouveront utile d'apprendre à discerner le NOUS qu'ils ont créé, et à s'en occuper comme de leur propre enfant. Malheureusement, la plupart des gens tiennent leur NOUS pour acquis et prodiguent en général plus de soins à leurs bâtons de golf ou à leur voiture.

Les actions de l'un des partenaires peuvent affaiblir la relation, ou bien, comme c'est parfois le cas, l'un des individus est affaibli par les exigences inégales de la relation. Ce déséquilibre peut devenir le nœud d'un conflit conjugal grave. Il faut donc comprendre que, avant d'être quoi que ce soit d'autre, une relation de couple est la création de deux JE. Si ce n'est pas le cas, la relation n'existe pas. Je donne. Tu donnes. Je prends. Tu prends. Dès que le NOUS prend forme, notre transaction ne consiste plus pour moi à te donner ou à recevoir de toi, ni pour toi à me donner ou à recevoir de moi. Plutôt, je donne à NOUS et je reçois de NOUS, et il en va de même pour toi, et c'est de la sorte que nous édifions les fondements de notre couple. Chacune de mes contributions est une pierre dans l'édifice du couple. Et puisque le couple est MOI pour la moitié, chacune de mes contributions est aussi en partie un don que je fais à moi-même. Lorsque je reçois quelque chose de la relation, c'est un peu à moi-même que je le prends.

Lorsqu'un des deux membres du couple travaille temps double auprès des enfants et pour les soins du ménage tandis que l'autre est en convalescence, il pourrait croire que c'est à son conjoint qu'il fait un cadeau. Bien sûr, c'est effectivement ce qui se passe au premier degré. Mais, plus profondément, à un niveau beaucoup plus important, c'est à son couple qu'il offre quelque chose. Un jour, il en retirera l'équivalent.

Il faut prendre conscience du fait que ce qui vous est demandé à n'importe quel moment, vous est demandé par quelque chose que vous avez contribué à créer, et non pas par votre partenaire seul, par dépit, par égoïsme ou par besoin. Si vous avez l'impression qu'on abuse de vous, vous devez admettre que c'est la relation — dont vous représentez la moitié — qui est si exigeante. Dans le même ordre d'idées, la personne qui abuse de l'autre, qui triche en prenant toujours plus qu'elle ne donne, abuse d'elle-même et se trahit elle-même.

*Comment c'est d'être marié avec moi compte tenu de mon souci de justice et d'équilibre?*

- Y a-t-il des choses que je pourrais faire, ou cesser de faire, pour rééquilibrer la relation?
- Si quelqu'un dans la relation réclame plus de justice et d'équilibre, est-ce qu'on en tient compte?
- Ces réclamations sont-elles faites ouvertement, ou en tient-on un registre secret?

Dialoguez ouvertement de vos réponses à ces questions et voyez le résultat. Ensuite, en vous basant sur les exercices des chapitres 2 et 3, effectuez quelques changements dans ce domaine.

## L'amour spirituel

Dans une première version de cet ouvrage, j'avais contesté l'idée de «l'âme sœur», dans laquelle je voyais la source de nombreux conflits conjugaux. Cependant, depuis quatre ans mon travail m'a obligé à assouplir mes idées concernant l'âme sœur. Le cœur de mon opinion n'a pas changé: un bon mariage est davantage le résultat d'un engagement et d'un soin constant que le produit d'une rencontre de hasard entre deux êtres «destinés l'un à l'autre».

Nous voyons si souvent le dommage produit par la notion romantique — que nous pourrions résumer ainsi: «Pourquoi me tuer à travailler à cette relation? Je n'ai qu'à me débarrasser de la mauvaise personne et puis trouver la bonne!» — que les psychologues et les conseillers matrimoniaux ont tendance à critiquer l'idée de l'âme sœur. Mais ce faisant, nous semblons rejeter complètement cette notion, ce qui, beaucoup d'entre nous le savent maintenant, est une erreur. Il n'y a pas si longtemps, je travaillais avec une femme qui était tombée amoureuse d'un homme qui n'était pas libre et en qui elle voyait l'âme sœur. Plus j'essayais par des arguments logiques à lui faire changer d'idée, plus elle s'enracinait dans sa certitude. «Mais comment pouvez-vous croire que cet homme, de tous ceux qui habitent cette planète, soit le seul homme pour vous?» Je la mettais au défi. «N'y en a-t-il pas au moins un autre?»

— D'accord, acquiesça-t-elle.

Mais juste au moment où je croyais avoir réussi à la convaincre, elle poursuivit: «Disons qu'il y en a peut-être deux. Mais celui-ci est ici, et l'autre est quelque part au Tibet.»

Je sais maintenant que certaines personnes trouvent l'âme sœur, et que lorsque cela se produit, il se passe quelque chose de magique. C'est rare, je crois. Mais cela arrive. Je l'ai vu. Voilà pour les bonnes nouvelles. La mauvaise nouvelle est que les âmes sœurs doivent travailler aussi fort que les autres à leur mariage si elles veulent le réussir.

Quand nous parlons d'amour spirituel, nous frôlons la philosophie. J'espère le faire avec une certaine légèreté. La seule approche réaliste à cette discussion serait d'essayer de comprendre la raison de la présence de l'être humain sur terre. Je sais aussi que je risque de la sorte d'empiéter sur le territoire de la religion. Par conséquent, je mettrai de côté pour le moment toute idée de Dieu, et celle que nos actes de bonté sur terre seront récompensés au ciel.

Selon moi, le but de notre passage sur terre, s'il n'y en avait qu'un, serait d'apprendre à nous connaître et à exprimer l'être le plus profond que nous sommes. Bien sûr, pour certains, il s'agit là d'un luxe. Quand les questions de survie surgissent, elles exigent toute notre attention, et voilà pourquoi, en temps de disette sévère, on n'a pas le temps de s'occuper de problèmes existentiels.

Mais quand nos besoins de base sont satisfaits, nous avons tendance à nous tourner vers tout ce qui concerne l'être et ses plus nobles desseins. Si nous lui en laissons la chance, la vie nous révélera les strates de plus en plus profondes de l'être. Donc, la première partie de notre but sur terre consiste à nous connaître et à nous exprimer; la deuxième phase de ce passage consiste à mettre ce que nous avons appris au service de cette planète, pour qu'elle soit à notre départ un tout petit peu mieux qu'à notre arrivée.

Si c'est là la raison de la venue sur terre de chaque individu, il est logique qu'un dessein plus noble et servi par l'amour soit que deux êtres s'appuient dans leur épanouissement réciproque et dans l'expression de leur identité respective. Mais la plupart du temps, ça ne se produit pas.

## COULÉS DANS LE BRONZE

Vous avez déjà vu des bottines de bébé coulées dans le bronze? Elles sont là, sur le manteau de la cheminée, arrêtées dans le temps, immuables. Voilà un parfait symbole de ce que nous nous infligeons en général l'un à l'autre dans le mariage.

Au moment où ils tombent amoureux, bien des couples se coulent dans le bronze, comme pour dire: «Tu es la personne que je veux aimer et de qui je veux être aimé pour le reste de mes jours, alors, ne change pas trop, cela me détruirait.» Pour ces créatures en constante évolution que nous sommes, le bronzage est contre nature. Nous luttons alors contre le changement naturel qui devrait s'opérer en nous, ou bien nous y cédons, mettant ainsi la relation en péril.

*Comment c'est d'être marié avec moi compte tenu de ma réaction aux changements qui t'affectent?*

Que cette question soit le point de départ d'une discussion autour du changement et de l'évolution. Vous êtes-vous coulés l'un l'autre dans le bronze, et si oui, quelles peurs ont été à l'origine de cela? Vous serez surpris de constater avec quelle rapidité vos peurs s'estomperont quand vous les aurez avouées.

Ensuite, réfléchissez à ce qui suit:

Le meilleur moyen de garder le romanesque en vie est de constamment, jour après jour, retomber amoureux de la nouvelle personne qu'est en train de devenir votre partenaire. C'est là le cheminement idéal de l'amour.

L'amour véritable pousse vers l'entièreté, vers la complétude spirituelle, vers l'expression de notre soi supérieur et vers une conscience accrue de son rôle dans l'univers. Qu'il soit romantique ou qu'il s'agisse de passion sexuelle, de compagnonnage ou d'altruisme, l'amour est le titre de passage, non pas la destination. Quand l'amour commence à répondre à ses plus nobles desseins, il soutient chacun des membres du couple dans la quête de leur être profond, il les unit, pas seulement l'un à l'autre, mais aussi avec le cosmos.

Sans doute notre quête spirituelle ne sera-t-elle jamais satisfaite, du moins dans cette vie. Mais nous pouvons l'approcher en aimant complètement quelqu'un d'autre et, par le fait même, en nous dépassant nous-même pour tendre vers un bonheur et un émerveillement plus partagés et plus profonds face à la poésie de toutes choses.

## DENIS ET JEANNE — QUATRIÈME PARTIE

L'amertume de Denis réclamait beaucoup d'attention, mais il finit par comprendre quel effet cela faisait à Jeanne d'être mariée à un homme aussi déprimé et amer qui la tenait injustement responsable des décisions et des sacrifices qu'il avait faits pour pouvoir garder près de lui la personne sans laquelle il ne croyait pas pouvoir vivre.

En creusant sa personnalité à des profondeurs qu'elle n'aurait jamais cru atteindre, Jeanne découvrit qu'elle était très dévouée à Denis et à leur relation de couple. Mais pour être capable de l'exprimer, elle devait renoncer à une certaine froideur qui la faisait paraître invulnérable. Au début, elle comprit qu'on devait se sentir très seul quand on était marié avec elle puisque, même si elle était très amoureuse de son mari, elle évitait de le lui manifester pour ne pas se sentir vulnérable. Jeanne et Denis commencèrent à admettre qu'aucun des deux ne paraissait capable d'aimer une personne qui pouvait et voulait les aimer en retour. Chacun d'eux ne semblait à l'aise et en sécurité dans l'amour que si son partenaire était inaccessible.

Jeanne retombait sans cesse dans son rôle d'épouse fonceuse en réaction à la dépression et à la distanciation de Denis, qui prenaient parfois de l'ampleur, comme on peut s'y attendre, au moment où il affrontait son immense besoin et sa peur terrible d'un lien affectif. Pour lui donner tout l'espace dont elle pressentait qu'il avait besoin, elle s'inscrivit à un cours en vue d'obtenir une maîtrise en administration scolaire au primaire. Elle se joignit aussi à un groupe d'entraide féminine, pour son propre épanouissement.

Jeanne comprit vite — et peu de temps après, Denis — qu'en dépit de leurs difficultés ils étaient déjà sur la bonne voie et qu'avec un peu plus d'efforts ils auraient un mariage heureux. Avant que Denis ne sombre dans l'amertume, leur vie romantique et sexuelle était excellente, et même aux pires moments, ils avaient parfois réussi à être de bons compagnons. Cela dénotait beaucoup de respect, et ce respect se manifesta de nouveau quand Denis se regarda en face et qu'il admit avoir jeté par la fenêtre le potentiel qu'il avait de devenir, dans ses termes, «quelqu'un de spécial». Il prit conscience du fait que son besoin d'être célèbre dans le monde musical était une autre expression de son besoin d'être aimé, ainsi que de son besoin de solitude. Il songea tout haut: «Qui est plus intouchable qu'une vedette rock, et en même temps adulé de façon plus spectaculaire?»

Jeanne promit qu'après sa maîtrise et après avoir trouvé un poste en administration, elle serait d'accord pour que Denis quitte son travail et trouve sa vraie vocation, même si cela signifiait une autre tentative de se faire connaître en tant qu'artiste. Mais maintenant que Denis connaissait les mobiles un peu malsains qui le poussaient vers cette carrière et qu'il avait accepté un échange d'amour plus réaliste avec sa femme, il n'était plus aussi sûr que la musique était son champ d'action privilégié. Ce qu'il savait, en revanche, c'est que la vente d'espaces publicitaires ne le conduirait pas à son plein épanouissement.

Aux dernières nouvelles, Jeanne était l'assistante du directeur d'une école primaire et Denis étudiait pour obtenir une maîtrise en Beaux-Arts. Il avait publié un petit recueil de poèmes. Ils avaient voyagé en Europe et «fait les musées». Aussitôt que Denis pourrait trouver un poste de professeur en création littéraire, ils auraient des enfants.

# CONCLUSION

Si vous avez lu ce livre jusqu'à sa conclusion, vous devriez être capable maintenant de communiquer mieux et plus librement dans votre couple, et de vous sentir plus appuyé et mieux compris à mesure que vous vous connaissez davantage. Quand on peut être soi-même à chaque instant, et quand on peut discuter de concessions mutuelles sans retomber dans nos vieux réflexes destructeurs qui nous font trop donner, accuser, foncer ou nous distancier, on ouvre la voie à un mariage plus équilibré, plus confiant, plus épanouissant. Et si votre partenaire ne vous a pas accompagné dans cette recherche, consolez-vous en songeant que vous vous êtes efforcé et que vous continuez de le faire pour devenir la meilleure personne et le meilleur conjoint que vous puissiez être.

Vous découvrirez sans doute que votre partenaire et vous-même êtes mieux en mesure de décrire ce que vous apportez à la relation, ainsi que vos désirs et vos besoins. Sans doute aussi êtes-vous plus capable d'écouter l'autre personne sans surenchère (c'est-à-dire en ne vous efforçant pas d'annuler son grief en lui substituant le vôtre), sans être sur la défensive, sans développer une surdité aiguë. Avec le temps, un climat de confiance fera du dialogue sincère la règle et non plus l'exception. La confiance, ne l'oubliez pas, est ce qui ouvre la porte aux formes plus élevées de l'amour, telles qu'elles ont été décrites dans la troisième partie.

La plupart des couples voient s'approfondir leur appréciation et leur compréhension de leur partenaire quand ils constatent que tous deux déploient les efforts nécessaires à devenir une meilleure personne et un meilleur conjoint. Quand vous reconnaissez ces efforts, si petits qu'ils semblent, cette reconnaissance mutuelle est un cadeau précieux et longtemps attendu. Le cas échéant, vous serez sans doute surpris de constater à quel point vous sont précieuses les différences qui, auparavant, vous semblaient si menaçantes ou problématiques.

Vous avez sans doute déjà deviné que cette approche du mariage n'est pas un remède miracle et immédiat. Ce serait davantage une façon de vivre. Pour préserver le romanesque de l'amour, pour garder à l'amour sa justice et son équilibre, pour être toujours ouverts l'un à l'autre tant romantiquement que sexuellement et spirituellement, faites une pause de temps à autre et demandez-vous encore une fois *Comment c'est d'être marié avec moi?...*

# TABLE DES MATIÈRES

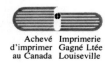

Achevé    Imprimerie
d'imprimer  Gagné Ltée
au Canada  Louiseville